おいしい時間はつながる時間

浜木綿　社長
林 永芳

中経マイウェイ新書 058

人は何のために生きるのか

自分の人生や歴史は、社会に出てから自分の意思でつくってきたものだと、この本を書いてみるまではそう思っていた。会社の歴史となると、なおさらだ。しかし、書いてみて、いま思うのは自分の歴史は人に導かれて必然の中を歩いてきた結果ではないかということ。今まで生きてきて重要な分かれ道や決定がある時には、その時々に必ず人との出会いや、人からの援助、助言などがあった。

出会いや援助、助言がどんな形で出てくるかは、さまざまだ。その「人」は、家族や友人だけにとどまらず、セールスに来た人だったり、会合などで出会った人、中途で我が社に入社してくれた人、同業や異業種の会に誘ってくれた人だったりした。また、人だけではなく、本やテレビドラマとの出会いだったりもした。ただ、必要とすることは時間を置かず、必要な時に現れてくれるように感じている。

幼い頃の私は母がつくってくれたし、仕事や社会に対する考え方は父を見て育まれたし、父が今の仕事に導いてくれたことも間違いない。妻や子どもたち、孫でさえ、分かれ道に遭遇した時の決定に関わる1つの要因を与えてくれている。会社の運営にも、あの時にあの人が誘ってくれたから、あの時、あの提案をしてくれたから、あの時にこの本に出会ったから、という「キーになる人や事柄」が必ず現れた。そうして会社の発展や私の成長を支えてくれていることに気づくと、少し不思議な気持ちになる。

とはいえ、その人たちが明快な答えをくれるのかというと、そういうことではない。私の未来をつくっているのは、まぎれもなく私自身だ。だが、その決定に力を貸してくれたり、決定のための情報をくれたり、必要な能力をくれたりするのが「キーになる人や事柄」だ。

そして「キーになる人や事柄」は私が前に進むための原動力になっている。また、間違っていますよと示唆してくれたり、立ち止まっていると背中を押してくれたりする。一所懸命に考えて出した答えも、振り返ってみると「キーになる人や事柄」が導いてくれた答えだったりする。

今まで出会った多くの人や本が、私の成長や人生を大きく変えた。それが本であれば、ノウハウ系のものもあるが、大きく行動に影響したのは、思想、考え方に関わるものが多かった。

私の今までの74年の人生のうち、前半の45年ほどは、どちらかというと「おまかせ人生」だった。悪いことではないが、それこそ、父や母、周りの期待に沿って生きてきて、自分の意思を自覚して生きた記憶はない。本当は何事も自分で決めていることに間違いないが、決定するのに自信がなく、保険を掛けていたと思う。つまり「あの人が良いと言ったから」「父がやれと言ったから」と、いろいろな理由をつけて、自分を責めないでいられるようにしていた。

それでもやっていけていたが、実は内心とても苦しかった。一時期は死にたくなるほどつらいと感じる時期もあった。

社長になって数年して、いろいろと考え方の勉強をして、やっと自分の意思を意識できるようになり、自分の意思で未来をつくれるようになった。それは50歳に近くなってからだ。39歳で父から事業を継ぎ、46歳でチェーン展開しようと自らの意思で名古屋インター東店をつくったころから、純粋に私の責任で未来の決定をできるようになったと自覚した。

そう変わるために何を勉強したのかというと、哲学や考え方だった。そういったものは、ノウハウものと違って勉強する機会がとても少ないように思う。

私は哲学や思想を勉強し、「人は何のために生きるのか」とか「仕事とは自分にとって何なのか」「幸せとは何か」「何を頼りに生きるのか」などを考えた。答えは1つではないと思うが、とにかく自分なりの答えを持たないと、日々の決定に迷いができ、生き生きと生きるための障害になる。会社の経営でも「何のために会社を運営しているのか」「良い会社とはどんな会社なのか」など、難しい問いの答えを考えた。

私は私なりに考え、自分で納得できる答えを、良し悪しは別として持っている。自分の答えを持つことで、生きることがこれほど鮮明に楽になるのかと感じている。

これからこの本で私の歴史を読んでいただくにあたり、知っておいていただきたいことでもある。

目次

第二章　2代目社長として

第三章　再び上場へ

愛される味を求めて

高校生になるまで、中華料理と言うと京都の「珉珉（みんみん）」というお店の餃子（ぎょうざ）や、京都の老舗中華料理店「ハマムラ」の鯉（こい）の唐揚げの甘酢あんかけぐらいしか食べた記憶がなかった。

それが19歳の時、父が名古屋で中華料理の店を開くことになり、餃子はもちろん天津飯や中華飯、五目そば、唐揚げ、酢豚、芙蓉蟹（ふーよーはい）などを食べ、こんなにおいしいものがあるのかと感動し、毎日のようによく食べた。

食べ盛りだったので、天津飯などはいつも2杯分の大盛をぺろりと平らげた。中華料理が大好きになった。

2022（令和4）年3月、74歳になったが中華料理と関わってもう55年だ。台湾や香港などにもよく行くようになり、中華料理ではない「中国料理」の奥深さも分かってきた。中国の歴史や国土の広さから言っても、どの国よりも料理が多彩だと思う。

天津飯や中華飯、かに玉、焼き餃子、ラーメンなど、戦後に中華料理店で人気になったメニューは、中国に原型はあっても、実はどれも日本で考えられたものばかりだ。

先人たちが日本で発明した中華料理は多くの人に愛され、もはや日本料理と言ってもいいかもしれない。中華料理ではない中国料理にこだわり、私自身も日本の人たちに愛される中国料理を作ることができれば望外の幸せと思い、今も挑戦を続けている。

私が中華料理と深く関わるようになったのは、父のおかげだが、これまで歩んできた道を思い起こしてみると、多くの人に出会い、影響を受けてきたからこそ今があると思える。関わってくれた人たちに感謝し、そんな多くの人たちに導かれて生きてきた今までを、本書を通してたどっていきたい。

筆者近影

序章　創業者の父・益茂

激動の時代に

１９４５（昭和20）年8月15日、日本は敗戦を迎えた。

私の父は台湾出身だが、この時、日本にいた。そして京都出身の私の母は同じ時、海を越えた台湾にいた。この時点では２人は会ったことはなく、お互いの存在を知りもしなかった。

「縁は異なもの味なもの」とはよく言ったものだが、私自身も「さまざまな人との出会い」によって今日があると言ってもいい。両親の出会いも、不思議な縁だったような気がする。

我が社の創業者でもある父、林益茂（ますしげ）は１９２６（大正15）年、台湾の屏東（へいとう）県というところで8人兄弟の５番目で3男として生まれた。台湾は１８９５（明治28）年から第二次世界大戦終結の年の10月まで日本の統治下にあり、そんな台湾で生まれ育った父も19歳の時に学徒動員で日本に来た。名古屋や大阪の軍需工場で働き、大阪では空襲にも遭ったが生き延びて敗戦の日を迎えた。学生たちを指揮していた上官がいなくなったので、自分たちで食糧や寝場所を確保しつつ船を探し、敗戦から半年ほどしてようやく台湾に帰ることができたという。父は後年、「どうやって帰ったのか、自分でもよく覚えていない」と言っていた。それほど混乱の時代だったのだろう。

一方、母は旧姓を荒木登喜子と言い、京都で銭湯の娘として1928（昭和3）年に生まれた。妹が1人いた。

母が亡くなる2カ月前に初めて聞いた話だが、17歳の時、台湾から京都大学に留学していた台湾人の青年と恋に落ちたという。豪農の出身だったらしいが、帰国した青年を追って母も台湾に渡った。ロマンティックで行動的だったようで、結婚するつもりだった。しかし、台湾の風習や男性の家族が日本とは全く違っていて、耐え切れずにその家から逃げ出し、そのまま台湾で敗戦を迎えた。

その後、引き揚げ船に乗るため、彰化県にある員林という町の喫茶店でアルバイトをしてお金を貯めながら生活していた。ここで、私の父とようやく運命的な出会いをすることになる。

学徒動員時の父と若き日の母

海岸に咲く浜木綿

2人が出会ったのはお祭りの日だったという。すぐに親しくなり、母に恋した父は帰ってほしくないと思った。母としては二度と日本に帰れなくなるかもしれないと考え、父への思いに後ろ髪を引かれながらも最後の引き揚げ船に乗ったところ、父から「春には必ず会いに行く」と言われたらしい。なかなかドラマチックだ。

その言葉通り、父は何とかお金をつくり、日本に砂糖を運ぶ船に乗せてもらって再び来日。実家である銭湯の番台をしていた母の目の前に、ある日突然、父が現れた。母もさぞびっくりしただろう。

この時、父が最初に着いたのは九州の港だった。海岸に咲く浜木綿(はまゆう)の花が目に焼き付き、後年、中華料理店を始めるに当たり、これを店名にしたが、それはまた後の話だ。

　こうして2人は結婚し、父が台湾から持って来た砂糖と資金でキャラメルやお菓子を作る工場の経営を始めた。理由は聞いていないが、場所は兵庫県淡路島の南淡町（現南あわじ市）だった。

　それからほどなくして1948（昭和23）年3月19日、私が生まれた。だが、工場経営はうまく行かず、私たち一家は神戸を経て京都に戻り、しばらく母の実家で過ごした。そして49（昭和24）年10月20日、妹の幸雅が生まれた。

　やがて父は映画会社、東映の京都撮影所で撮影用セットを作ったり、取り壊す下請け会社の経営を始めた。そのころは京都の北白川というところで、あるお宅の2階を間借りして住んでいた。その部屋には出窓があり、私は窓の手前のスペースに登り、そこから部屋の床に飛び降りて遊んだりしていた記憶がある。

ただ、私はやんちゃな子どもではなく、人見知りが強く、おとなしかった。

そんな私だが小学生になると、その後の人生に大きく関わる、運命的な出会いをすることになる。

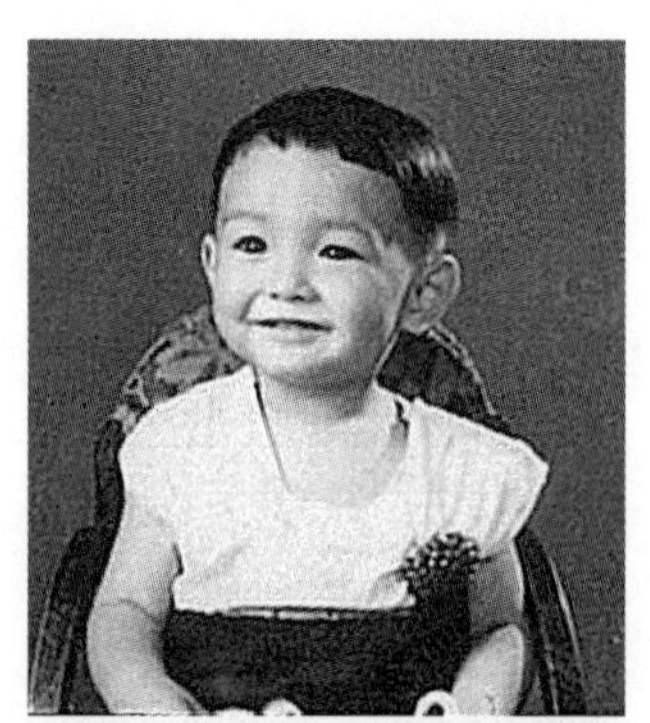

上：幼児の頃の筆者
下：母と幼い頃の筆者と妹

放任主義だった両親

私が生まれた当時、父は映画撮影のセットの組み立てや取り壊しの仕事をしていた。実はその前は、映画スターをロケ地まで運ぶドライバーだったという。その関係で、タレントの堺正章さんのお父さんで、稀代の喜劇俳優だった堺駿二さんに会わせてくれたことがあった。人見知りの激しい私は顔が真っ赤になり、駿二さんに「この子は赤面症ですか」と言われたのを今でも覚えている。

私は父からも母からも、ほとんど怒られたことがない。「良い子」だったからというより、2人が放任主義に近かったからだ。父は自分自身も束縛を嫌い、自由を愛した人だった。だから、我が子もなるべく自由にさせてくれたのだろう。

1954（昭和29）年、私たち一家は京都市左京区下鴨に引っ越し、同年、私は下鴨小学校に入学した。下鴨には加茂御祖神社（かもみおやじんじゃ）、通称、下鴨神社があり、その境内にある広大な「糺の森（ただすのもり）」でよく遊んだものだ。ギンナンやイチジクなど、自然のものをとって食べたりした。

低学年から高学年になるにつれて釣りを好きになり、深泥池（みどろがいけ）や宝が池でフナなどを釣った。近所の川ではウナギやドジョウを獲ることもできた。ウナギは父が料理してくれた。父は万能だった。ただ、飼うために私が買ったヒヨコが育ってニワトリになると、父が絞めてしまったのはショックだった。

そのころ、我が家に電話はなかったが、テレビはあった。父は「新しもの好き」だった。テレビを持っている家はまだ珍しく、近所の人たちが大相撲やプロレスの中継を見に、よく我が家に集まった。街頭テレビの時代だ。

そして小学5年生の時、私は後に妻となる女性と出会う。私のクラスに転校してきた林禮子（れいこ）だ。旧姓も林だったわけだ。

私はすぐに彼女を好きになり、友達にも「あの子を好きだ」と言っていた。人見知りだった私とも気軽に友達になってくれたので、話しやすい、親しみやすい子だと思った。

小学校の修学旅行で。最後列左端の帽子をかぶった少年が筆者。
その前列の中央辺りに筆者の妻

漫画家を志す

しかし、妻は私の抱いた印象とは違い、当時は何とも思っていなかったそうだ。その後、同窓会で当時の担任教師に会った時、私たち2人のことを覚えていて「いつも仲良くしていた」と証言してくれた。何だかうれしかった。

１９６０（昭和35）年、下鴨中学校に入学した。そこでも妻と同じクラスで、私たちはやはり仲の良い友達だった。ただ、３人姉妹で末っ子の妻は、すぐ上のお姉さんもまだ中学生で、常にお姉さんの友人たちと一緒にいたので、私と過ごすことは少なくなった。妻を少し大人びてきたと感じた。

このころから、漫画を描き始めた。手塚治虫先生の「鉄腕アトム」や横山光輝先生の「鉄人28号」などの影響だ。Ｇペン、インクをそろえ、我ながら本格的だった。塾の先生に見せたら驚きながら感心され、まんざらでもなかった。

一時期、将来は漫画家になりたいと本気で思っていた。結局、漫画執筆も高校に進学するまでのことだったが、何かを描いたりすることはずっと好きで、この後、大学の建築科を志望したのはその延長だったと思う。

63（昭和38）年、下鴨から大徳寺の大宮通に引っ越して私は嘉楽中学校に転校した。下鴨の家では妹と1部屋を使っていたが、そろそろ別々の部屋が良いだろうということになって、少し広い家に引っ越したのだ。

この転校で妻とも離れ離れになった。さらに今度の中学はいささかガラが悪く、正直、恐怖心を抱いた。だが、同じクラスで強そうな見た目の冨田君という友人ができ、彼と一緒にいるとガラの悪い連中も寄ってこないので、何とか無事に中学生活を終えることができた。ちなみに、後から聞いたのだが、同学年の違うクラスに、その後、演歌歌手として一世を風靡（ふうび）する都はるみさんがいたそうだ。

さて、中学生活を終えると、いよいよ高校進学だ。ただ私は、小学生のころから成績は優秀なほうではなく、算数だけは良かったが、後は大体平均より少し下くらいだった。

下鴨中学校時代の筆者。最後列左から４人目。
前から４列目の左から２人目が妻

愛のキューピット現れる

小学時代から成績優秀ではなかったが、塾にも通ったおかげで1964（昭和39）年、京都西高等学校（現京都外大西高等学校）に進学できた。当時は男子校で、制服は背広型だった。総長のこだわりらしく、イギリスの学校をイメージしたようだ。また、3年間、クラス替えがなかった。その間ずっと同じなので、クラスメートとはとても仲良くなった。

このクラスに斉藤泰弘という生徒がいた。斉藤君が通学で乗っていた電車に、妻がたまたま乗っていて知り合い、2人に私という共通の友人がいることが分かり、私は彼女との再会を果たした。転校してから疎遠になっていたのでうれしくて、それから斉藤君や他の友達も含め、妻ともよく遊ぶようになった。十数人の仲間たちで「パンチクラブ」というグループをつくり、泳ぎに行ったり、ダンスパーティーに行ったり、動物園や植物園にも行った。私の妹もそのグループに入っていた。思えばまさに青春だった。

2年生くらいになると、妻とはデートをするような交際に発展した。斉藤君は私たち夫婦の「愛のキューピット」のようなもので、今も友達付き合いをさせてもらっている。

他にも、クラスに永井君、板垣君という友達がいて、彼らと一緒にタバコを吸ってみたり、パチンコ店に行ったり、少しやんちゃな遊びも覚えた。だが、パチンコ店に行ったところを先生に見つかり、謹慎処分を受けた。「3人そろって遊んでいると、ろくなことはない」ということで、別々にクラブ活動に入れさせられた。1年生の時だ。

剣道部は強豪チームだったが、練習を見るとかなりハードだったので柔道部に入った。私は腰が高いうえにやせていて弱かったが、初段になれたし、練習で体を鍛えることができた。どちらかというと運動は不得意だったので、部活をやれと指導してくれた先生には今でも感謝している。

さて、この高校生活が終わったころ、私たち一家にはまた劇的な変化が起きる。

高校時代の筆者。左は友人の斉藤君

第一章　浜木綿を開店

父の決心、中華料理店を開店

私の高校時代、父は東映京都撮影所でセットを組み立て、取り壊す下請け業の仕事を続けていた。それで父の会社のアルバイトとして撮影所に行ったりもした。人生初のアルバイトで、同級生の永井君も一緒だった。セットの解体では、足に釘が刺さったりしたのも今では懐かしい思い出だ。

さて、いよいよ高校を卒業して大学に進学することになり、理由は忘れたが東京の日本大学を受験した。だが、遊んでばかりいたので失敗し、浪人することになった。

高校卒業後も、妻との付き合いは続いていた。当時、妻は池坊短期大学に入学。その短大の近くに私が通う予備校があり、私たちは通学路が同じだったので、毎日妻と会えるのがうれしかった。

そのころ、父は元来の自由を愛する気持ちが高まり、下請け業から脱して独立を考えていたようだ。私の予備校生活が始まったころ、「一緒に名古屋へ行こう」と言ってきた。やぶから棒だったが、できて間もない名神高速道路を東へひた走り、名古屋へ向かった。私にとっては、初の名古屋だ。日帰りで、しっかり見て回ったわけではないが、京都に比べると「田舎だなあ」と思った。

名古屋では、野村さんという人と会った。野村さんは、瑞穂区の新瑞橋にご自身で施工したビルの大家さんだ。そのビルの1階が空いていて、父はここで中華料理店を開こうと考えていた。

野村さんと会ったのは、邸（きゅう）さんという人に紹介されたからだ。邸さんは、名古屋で華名閣（かめいかく）という中華料理店を経営していた、父の姉の夫、つまり義理の兄だ。この邸さんの兄が名古屋市中村区の大門で中華料理店を開いて成功していた。それで邸さんも中華料理店をやったら、これも大当たり。そんな話を聞いた父が「自分も」と考えたのだ。

この邸さんが京都の人だったら、私たち一家も名古屋へは来なかっただろう。邸さんはウチの店の料理長となる人も紹介してくれて、父を飲食業界に導いてくれた。

高校時代の筆者

1号店をオープン

その後、父と母が開店準備のために何度となく名古屋に行った。なぜ父が私を連れて行ったのかは分からないが、この時はもうかなり準備を進めていたと思う。

成功例を聞いて中華料理店を開くことにしたわけだが、それでも失敗もあり得る。そのころ父は、京都の仕事に加え、大阪でもテレビ業界で同じような会社を経営していて、これらの仕事を続けながら名古屋で店を開くことにした。父は主に関西で仕事をして、名古屋の店の多くは母の担当になった。

妹はまだ高校生で京都にいたが、私は母と一緒に名古屋に行くことになり、愛知県の大学を目指した。これといった明確な理由は覚えていないが、将来は建築の仕事をしたいと思い、建築学科のある大学を探した。もしかしたら、絵を描くことが好きだった延長で、建築を志したのかもしれない。カッコいい建物への憧れもあった。できて間もない中部工業大学（現中部大学）の建築学科を受け、何とか合格した。

ちなみに、京都の高校を卒業した妹はそのまま結婚したので、名古屋住まいは経験しなかった。

こうして1967（昭和42）年2月、父は名古屋市瑞穂区の新瑞橋に「はまゆう」という中華料理店をオープンさせた。本当は漢字の「浜木綿」にするつもりだった。店名のロゴを、当時、東映映画のタイトルを書いていた書道家の宇野さんという方に頼んだら「店が小さいから漢字では重過ぎる。最初はひらがなにしなさい」と店の写真を見てアドバイスしてくれたので、ひらがなにしたようだ。

「浜木綿」という店名は以前も書いたが、父が母を追って台湾から日本に来た時、上陸した九州で一面に咲く浜木綿を見たことが由来だ。上陸は3月のはずだが、よく聞くとそのタイミングで浜木綿は咲いていなかったとも言い、もしかすると父は別の時に浜木綿を見たのかもしれない。

ただ、店名の由来はそれだけではなかった。

開店当初の「はまゆう」

根強く生き残れ

新瑞橋にオープンした1号店の店名には、また別の思いも込めていた。

当時、京都一の中華料理店と言われたのが「ハマムラ」というお店で、しかもこの店でチーフをしていた料理人こそ「京都の中華料理のルーツ」とも言われていた人物だったのだとか。それで「ハマムラ」にあやかって「はま」の字を使うことにした。

さらに、そもそも浜木綿は、可憐な花も咲かせるが、根が強い熱帯の植物だそうだ。冬の寒さに耐え、虫などに食われて悲惨な姿になっても蘇り、どんどん群生していく。父は、そんな浜木綿の特性も気に入っていて、店も根強く生き残り、どんどん発展してほしいという思いを込めた。これが店名を決めた一番の理由だったようだ。とにかく父は花が好きだった。

ただ、大きく掲げた看板には、大きく「中華料理」とだけ書いた。店名の「はまゆう」は看板より小さい暖簾（のれん）に書いた。確かに「はまゆう」ではお客様にもどんな店なのか伝わりにくい。大きく「中華料理」と書いたのは正解だったと思う。

関西で仕事を続ける父に代わり、店の面倒を見たのは母だが、実質的に店を切り盛りしたのは、父を飲食業に導いた邸さんが紹介してくれた、チーフ料理人の施（し）さんだ。調理場の従業員は施さんが集めた。

一方、フロアのスタッフは母に加え、父と京都で一緒に仕事をしていた吉川さんが受け持ち、開店準備などは私や私の友人、妹や妹の友人が助けた。施さんは商売上手で、母と二人三脚で店を繁盛店にした。

カウンター、テーブル、座敷で30席ほどの店は、いつも満席だった。すぐ隣がパチンコ店で、すぐ近くに喫茶店もあって良い立地だったと思う。父は最初、

1日3万円の売り上げがあればやっていけると言っていたが、おそらくその倍はあった。

驚くような人もお客として来てくれた。

「はまゆう」より大きな「中華料理」の文字

映画スターも常連客

中華料理店「はまゆう」は連日大盛況だった。東映京都撮影所で仕事をしていたよしみで、当時は仁侠映画のスターとして絶大な人気を誇っていた名優、鶴田浩二さんもよく店に来てくれた。鶴田さんは京都にいたころも、時々我が家に来てマージャンをしたりしていた。鶴田さんを中心とした遊び仲間に父も入っていた。

父や鶴田さんの名古屋の友人たちで鶴田会という会をつくっていて、皆でゴルフをして、その帰りに「はまゆう」に寄ってくれた。その後、昭和区山手通に2号店ができると、そちらに来てくれるようになった。そう言えば、山手通の店には時代劇の大御所、片岡千恵蔵さんも来てくれた。

さて、当時のメニューはラーメン、チャーハン、餃子、シューマイ、唐揚げといったところだった。主力商品は餃子と唐揚げで、とにかく午後2時か3時になり、お昼のお客様がいなくなると、従業員皆で毎日、餃子を作っていたことを思い出す。

地下鉄新瑞橋駅ができるのは1974（昭和49）年のことだ。店のあるビルの3階に住まいがあり、母と私はそこの部屋を借りた。しばらくの間、私は新瑞橋から路面電車と国鉄を乗り継いで春日井市の大学に通った。

京都は高校生までの10数年で隅々まで知った気になっていたが、比べると名古屋を広く感じた。

新瑞橋の店がとても繁盛したので、開店の翌年には株式会社浜木綿を設立し、昭和区の山手通に2号店を開店することになった。場所を山手通に決めたのは、名古屋で知り合って店の税務を見てもらっていた税理士、細田盛(さかん)さんのおかげだ。

細田さんの顧客に、森田興産という会社や病院を経営する森田さんという人がいた。この森田さんが、今は浜木綿の本店となっているビルを建て、2階から上はマンションにして1階でレストランを経営していた。だが、なかなかレストランの運営まで手が回らず、1階を貸すことにした。父はこの話に乗ったわけだ。

大盛況となった新瑞橋の「はまゆう」。開店当時の店内

「おこぼれ」にあずかる

中華料理店「はまゆう」が大成功し、1968（昭和43）年2月には2号店「浜木綿山手通本店」をオープン。新瑞橋の店より大きいスペースだったので、こちらを本店とし、店名も漢字にした。

店舗が二つになると、さすがに父も京都にいるわけにはいかず、関西の仕事は共同経営者に譲り、名古屋に来ることになった。ただ、父はマネジメントを得意とする経営者タイプの人で、プレイヤーとして現場で働く店主には向いていなかった。そのため京都の仕事仲間で、映画などのセットのデザインを描いていた大門恒夫さんという人を連れて来て、支配人になってもらった。この人が店舗のデザインもしてくれた。おかげで本店はデザイン性が高い、当時としては斬新な店となった。

本店の開店準備中、向かいに大きな建物ができつつあり、名古屋でも伝統ある信忠閣という旅館のオーナーが、新しく大型の中華料理店を始めようとしていると判明。父もさすがに焦るのではないかと思ったが、意外とそうでもなかった。大勢がその大型店を目指してやって来るだろうから、ウチの店もその「おこぼれ」にあずかれると思ったそうだ。

そもそも当時の山手通は砂利道で、にぎわいもなかった。そこに大勢の人を呼んでくれるのなら、むしろありがたいと考えたようだ。父は、以前住んでいた京都の北白川がやはりそんな郊外で、しかもその地で飲食店が流行っているのを知っていた。名古屋でも郊外店が当たると確信していたのだろう。ちょうどマイカーが普及し、ドライブがブームになってきた時代だった。

大学2年生になっていた私もオープン準備を手伝い、京都の友人も来てくれた。やがて大学の友人も手伝ってくれるようになった。

オープンすると、山手通本店も大繁盛した。新瑞橋は1日3万円の売り上げで何とかなると言っていたが、山手通本店は大きいだけに1日10万円はほしいと思っていたら、すぐにクリアしたくらいだ。

もちろん、大学生だった私の生活は店のことだけで明け暮れたわけではない。

山手通本店の前で父と母

思い切り遊んだ大学時代

ここで一旦、時間を少し戻そう。1967（昭和42）年に中部工業大学の建築学科に進学した私は、学生生活を思い切り楽しんでいた。

1年生の時は新瑞橋店の上の階に母と一緒に住んだが、1年の終わりになると店も落ち着いてきたので、大学近くの春日井市鳥居松町のアパートで1人暮らしを始めた。

図面を書いたりするのは好きだったが、あまり学業には熱心ではなかった。その代わり、学業以外に熱心だった。

同級生の池戸君という友人に誘われ、フォークソングを皆で歌うボーカル部に入部。私は運動神経も良くないが、音感も良くない。ボーカル部に入ったのは、高校時代にベンチャーズの人気で流行したエレキギターを買って少し弾けたからだ。工業大学だったので圧倒的に男子が多かったが、入部の目的は女の子にモテるためだった。

活動しているうちに何となく歌えるようになり、ボーカル部のメンバー5人でフォークソングのグループを組み、女子大や自分の大学の学園祭で演奏。私はギターを弾きながら、メンバーが作ったオリジナル曲やヒット曲などを歌った。

ドライブも楽しんだ。父は当時、いすゞ自動車のベレットGTというスポーツカーに乗っていた。2年生になったころ、車があればいつでも手伝いに帰れると言ったら、父がそのベレットGTをくれた。大学生がスポーツカーなんてどうかと今は思うが、当時はうれしくて乗り回した。

ちょうどその頃、妻は池坊短期大学を卒業し、滋賀県の石部町（現 湖南市）で医師の父親が営んでいた診療所を手伝っていた。私は時間ができると、ベレットでその診療所によく行った。妻のほうから来てくれることもあった。妻の家の皆さんとも親しく付き合い、妻の２人の姉の結婚式にも出席した。

というわけで、大学時代は遊びに熱心だった。とは言え、決して余裕があったわけではない。

大学時代の筆者

ルーツをたどって

大学時代、お金はおこづかいをもらっていたし、アパート代も払ってもらっていた。だが、車に乗るとガソリン代もいるし、ご飯も食べないといけない。おこづかいはすぐになくなってしまう。浜木綿でアルバイトもしたが、よほど店が忙しい時か、夏休みなどだけだったので、お金はいつもなかった。

ある時、父から借りていたテープレコーダーを質に入れて流してしまった。これはさすがに怒られるだろうと思ったが、「ああ、そうか」で済んだ。後で聞いたことだが、父も台湾から日本に来る時、実は叔父の車を勝手に売ってお金を工面したのだとか。とにかく生涯、父に怒られたことはなかった。

1970(昭和45)年、初めて台湾に行った。それまで私のルーツが台湾にあることをあまり意識せずに育ってきたので、父が台湾人であることがすごく不思議な感じだった。だからこそ、父は一度台湾を見せようと思ったのだろう。妹も連れて家族4人で行くことになった。

父は8人兄弟で、祖父は4人兄弟だ。台湾では、昔は子どもを養子に出すことが珍しくなかったそうだ。父は次男の子だが、四男のところは男子がいなかったので、叔父の家に養子に出された。

父の生みの親の家族がとても歓迎してくれて、毎日ごちそう攻めだった。カエルなど、普段食べないものも多く、妹は「食べられない」と言っていた。父の故郷、台東は昔の料理がずっと残っているような田舎町だった。

祖父の兄弟の家族は今でも祖父たちの親、私にとっては曽祖父の墓を毎年訪れ、掃除して会食し、祖先をしのぶ。毎年、持ち回りでその集まりの費用を負担することになっていて、もちろん私にもその順番が回ってくる。

また、父の家には代々の家系図があり、私の名前まで書かれている。実は私にも台湾名があり、「隆勇」と言う。我が家の始祖は殷の時代（紀元前17世紀頃～紀元前1046年）の最後の王、紂王（ちゅうおう）の叔父ということになっていた。紂王は酒池肉林の語源にもなった行いをした人物で、暴君だったらしいが。

台湾の親戚と(右端が筆者)

半年間の世界旅行へ

1971（昭和46）年、中部工業大学を卒業した私は、自分なりに考えて浜木綿に入社した。長男なので、頭のどこかで「浜木綿に入るのは必然」と思っていたのかもしれない。

入社すると、1号店である新瑞橋店が職場となった。浜木綿山手通本店の5階に両親と一緒に住み、新瑞橋に通った。担当は接客サービスだった。

卒業後も妻との交際は順調に続いていて、卒業して就職、自然と結婚の話になった。両方の親から許しをもらい、結婚が決まった時、父が「結婚前に少しでも世界を見てきたほうが良い」と言い出し、6月から半年ほど世界を回る旅に出た。

まず、イギリスへ飛び、ボーンマスという小さな町で2カ月ほど下宿して英語を勉強した。不思議なもので、英語が使えないと生活できないとなると、自然と英語を理解し、話せるようにもなる。英語教室には各国から留学生が来ていたが、日本人以外は文法が似ているので覚えが早かった。教室では夜にダンスパーティーもあり、楽しく交流した。

それから3カ月くらいでフランス、ドイツ、スウェーデン、デンマーク、スペイン、イタリア、スイス、オーストリア、オランダを巡った。ヨーロッパの列車は少人数用の客室に仕切られていて、たまたま1人だと個室状態も味わえる。なかなかぜいたくな気分だった。

巡った国でも特にスペインは食べ物もおいしくて居心地が良く、長く滞在した。魚料理が安く、しかもおいしかった。そう言えばフランスのパンも驚きのおいしさだった。

その後、アメリカに飛び、メキシコ、ハワイに寄り、ハワイで妻と合流。72（昭和47）年、11月8日に帰国して慌しい暮れの12月18日に挙式を済ませ、年明け3月8日に婚姻届を提出した。婚姻届が3月になったのは、ちょうど父が日本に帰化したタイミングだったからだ。実は私の本名はずっと母の旧姓である荒木で、大学時代はその荒木姓を使っていたが、高校卒業までは通称として父方の姓の林を名乗っていた。だが、父が帰化できたので、私の戸籍上の名前もようやく林になった。

ヨーロッパ旅行で(イギリス・ボーンマス)

大きな決断、１億円の重み

１９７２（昭和47）年、妻と結婚した。私たちは浜木綿山手通本店の５階に、両親とは別の部屋を借りて住むことになった。

私が新入社員として働き始めた当時の新瑞橋店には、アルバイトとして働き始め、後に取締役になった内藤君が勤務していた。さらにもう一人、加茂野君というアルバイトもいて、２人ともこの後、私の力になってくれて会社の発展にも大いに貢献した。

内藤君は85（昭和60）年に結婚したが、花嫁の石野智子さんは私の祖母の実家の親戚の子で、父も母も「絶対にこの２人は似合っている」と話を進めて結婚に至った。

父は内藤君を「よく働く、遊ばない、人を裏切らない、信用ができる」とほめちぎっていた。仕事もただ言われたままにするのではなく、必ず自分でも考え、自分なりに工夫を加えていた。

同時期、浜木綿山手通本店でも重要な人が働き始めた。現在も本店にいる桑添さんだ。この人がいなければ、今の本店はないと思う。私を知らないお客様も桑添さんは知っているほどだ。本店の50年はこの人に守られて継続できた。本当に感謝している。

さて、73（昭和48）年のある日、父が私のところに来て、いつになく真剣な面持ちで相談があるという。聞くと、今なら山手通本店のあるビルのオーナー、森田興産を土地と建物付きで会社ごと買収できるが、どう思うかという相談だった。

結局、約1億円で森田興産を買収して日南商事と改称し、本社ビルの管理などの業務も引き継いだ。日南商事の社長には父がなり、私も74（昭和49）年、取締役に名を連ねた。

当時の1億円は父の感覚では、一生かけても返せるかどうか分からない金額だった。少し前に本社ビル横の土地を３０００万円で購入していて、この1億円を合わせた負債は、父にとっても大きな決断だっただろう。私にも真剣そのものの眼差しを向けて「私の代では返せる金額ではないかもしれないので、後を引き継ぐお前にも知っておいてほしい」と言った。

小学校５年生の時に出会った妻と結ばれる。
１９７２年の結婚式

気ばらなあかん

森田興産の買収に要した1億円は、後々まで会社の資金繰りに大きな影響があり、長い間引きずった。

この頃、山岡荘八先生の歴史小説「徳川家康」全編を読んだ。これが切っ掛けで歴史を好きになり、書籍をよく読むようになった。同年のNHK大河ドラマ「国盗り物語」を見て、司馬遼太郎の歴史本もかたっぱしから読み始めた。

1974（昭和49）年に、森田興産から改称した日南商事の取締役となった私は、75（昭和50）年には浜木綿の取締役にも就任した。「なりたい」と主張したのではなく、父から「ならないか」と打診があった。父が京都から連れてきた大門恒夫支配人が退職することが決まっていたので、父はその後を私に託すつもりだったようだ。勤務地も山手通本店になった。

その頃、メニューに写真を載せるという工夫を自分なりに試した。当時はまだ、中華料理は今ほどには知られていなくて、メニュー名だけではどんな料理か分からない人も多かった。それでメニューに写真を貼ることを思いついた。一つ一つ写真を撮って何百枚も現像し、メニューに貼っていくので大変だった。毎年改定し、この手作りメニューはずいぶん長い間続けた。

76（昭和51）年4月、次女のまなみが生まれた。次女と言うのは、実はその前に長女が生まれていたのだが、早産ですぐ亡くなってしまったからだ。妻の父は医者だったので、次女のお産の時はその義父のところで産むことにした。無事に産まれてくれると、なんて可愛いのかと感動した。ただ、仕事がまさに多忙を極めていて、育児は妻に任せっきりになってしまった。

同年初めに母方の祖父が亡くなった。思い返すと、実直で無口な人だった。京都の東山三条で銭湯を経営していたが、「気ばらなあかんで」が口癖だった。

私の父も母も、商売の保証人や資金の援助など、この祖父には随分助けられている。祖父がいなければ父も事業を立ち上げることはできなかっただろう。

生まれたばかりの次女まなみを抱く妻

最後のチャンス

1976（昭和51）年、私たち夫婦は生まれたばかりの娘を連れ、当時、両親が住んでいた平針の一軒家に引っ越し、両親と同居することになった。その後、両親のほうが気を使って山手通本店の上の階に引っ越した。

その前年に取締役となって浜木綿山手通本店に勤務することになった私の職場は、調理場だった。当時、父は調理場の人事問題に悩まされていた。調理場の従業員にはチーフ格の人がいて、何か気に入らないことがあると、自分が連れてきた従業員ごと辞めてしまう。そんな時代だった。

それで私も調理場のことを覚えたほうが良いということになった。当時は奥村さんというたたき上げの調理人が調理長を務めていて、この人は本当に調理に詳しく、味に対する感覚も優れていた。

その奥村さんが特に力を入れて教えてくれたのは「きれいにすること」だった。私が鍋を洗うと「まだ焦げが残っている。ピカピカにしろ」と言って怒られた。「きれいな調理場からしかおいしい料理は生まれない」が、氏の信念だった。

この時覚えた調理の基本は、中華料理が仕事の私の生涯で役立つことになった。仕事以外でも役立ち、私は今でも家で中華料理を作って楽しんでいる。

77（昭和52）年、私は専務取締役に就任した。当時の私は、調理場での人事のゴタゴタなどから仕事に対する熱意を持てず、父からは甘えた考えで仕事しているように見えていたかもしれない。

そんなある日、またまた真剣な面持ちで父が私にこんなことを切り出した。「会社を継ぐかどうか、そろそろ聞かせてほしい。だが、もし他にやりたいことがあるなら、それを一度やってみろ」という話だ。私は「最後のチャンス」

とばかりに、父の提案に乗ることにした。それでふと、貿易で食べていけないかと考えた。

そこで高校時代からの友人で、私たち夫婦の「愛のキューピット」でもある斉藤泰弘君を京都から呼んで貿易会社「三弘商事」を創設。事務所は山手通本店の上の階に置いた。私は浜木綿と日南商事の役員をやっていたので、斉藤君が社長に就いた。

斉藤君と台湾へ買い付けに

組合理事に就任

「三弘商事」を立ち上げ後、できることからやろうということで、父の友人が経営する商社の依頼で水道の散水栓などの鋳物を台湾から輸入した。さらに中華鍋を洗う竹製の洗浄器具ササラなどを台湾から輸入して浜木綿で使ったり、他に売った。岐阜県の関市で中華包丁を作って輸出したり、台湾でアタッシュケースを作って輸入した。

仕事はそれなりにうまくいったが、仲が良い友人と共同で会社を経営するのは、仲が良いだけに難しく、約1年でこの共同経営を解消することにした。これ以上続け、仲が壊れるのも嫌だった。

貿易の残務は、本社ビルを管理する日南商事が引き受け、私はその残務をやりながら浜木綿の仕事に戻った。ただ、三弘商事という会社自体はそのまま浜木綿で使う物を輸入する会社として存続させ、1990（平成2）年、ハマユウフードシステムに改称した。

79（昭和54）年5月に三女、あづみが生まれた。今回も医師である義父のもとで出産した。

同じ年、愛知県中華料理環境衛生同業組合（現愛知県中華料理生活衛生同業組合）理事に就任。組合には以前から父も入っていたが、私が出ることになり、昭和支部の理事になった。理事長は、浜木綿山手通本店の向かいの中華料理店「シナ忠」の白木さんで、ご近所のよしみで可愛がってもらった。

31歳の私は理事の中でまだ若手で、先輩たちにいろいろ教えてもらえた。中華料理業界の問題点や課題なども感じるようになった。

80（昭和55）年、調理人の奥村さんに代わって新しく竹岡君が調理長となった。奥村さんは昔ながらの調理人で、数年勤めると店を移ることが当たり前になっていたようだ。

新調理長の竹岡君は味感が良く、その後の「浜木綿の味」を創ってくれた。

現在も竹岡君の「浜木綿の味」を踏襲していると言える。

そんなある日、父がまた改まった表情で私のところに来た。

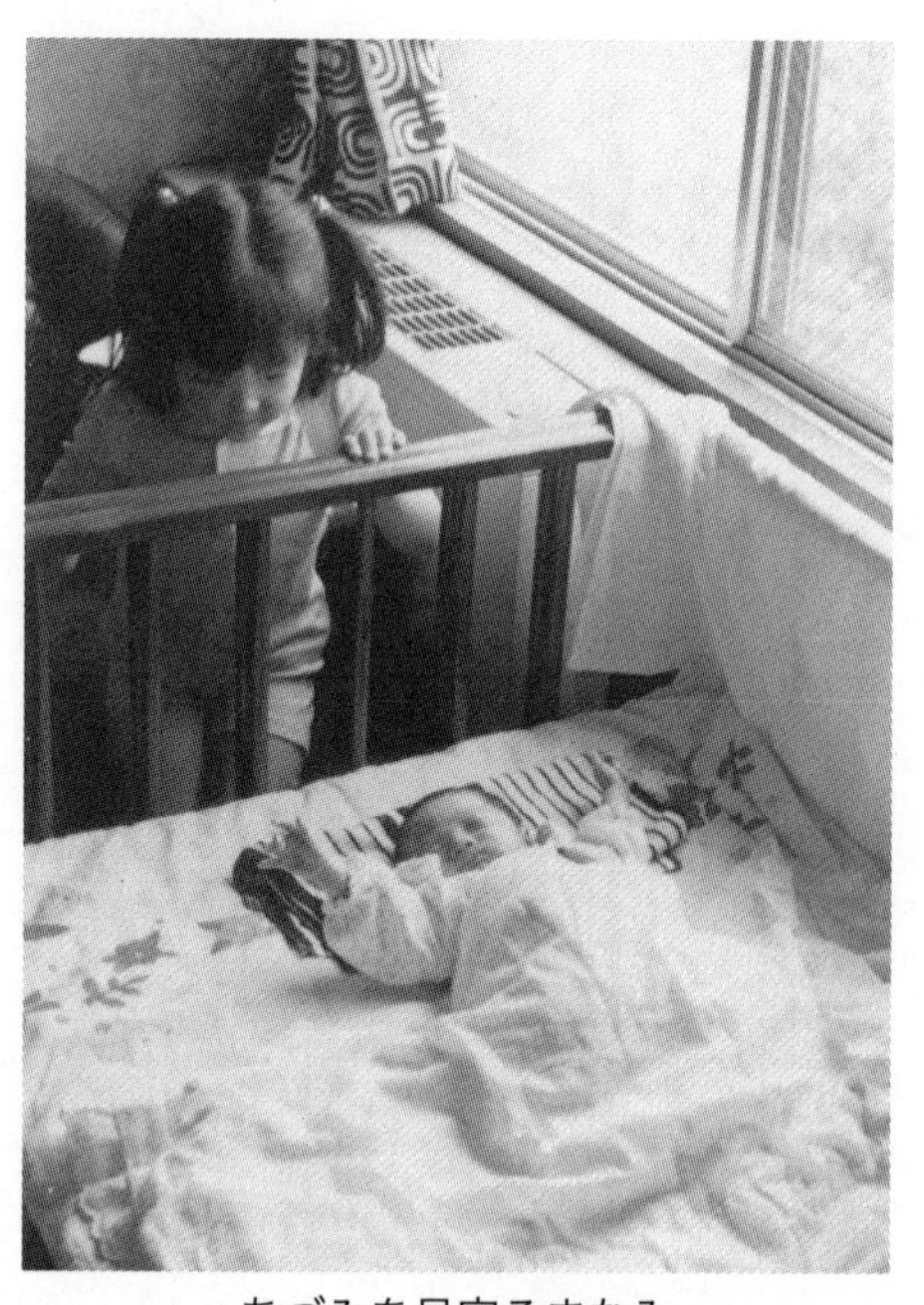

あづみを見守るまなみ

新体制がスタート

「貿易会社もうまくいかなかったことだし、会社を継ぐのかどうかをはっきりしてほしい」

会社は利益こそ出ていたが、不相応な借財があるので返済金に追われ、いつもお金が不足していた。母も「こんなに繁盛しているのにどうしてこんなにお金がないのでしょう」といぶかしがっていた。会社の経営は不安定だった。父から「お前が継がないならこのビルを売るという選択肢もある」とボールを投げられた。考えた末に覚悟を決め、継ぐと答えた。

振り返ってみると、専務を任され、調理場を経験させられ、その一方で貿易会社を興すという、この3年の展開は、父が私に事業承継を決意させるために仕組んだことだったかもしれない。自由を愛した父は、私に押し付けるのも嫌だったし、無理に継がせてもうまくいかないことは分かっていた。しかし、会社を継がせたい思いは強く、私が「継ぎたい」という気持ちになるように持っていったのだろう。

たたき上げの奥村さんに代わって新しく調理長となった竹岡君は私と同世代で、我が社で10年ほど経験を積んで育った人材だ。以前調理人が一斉に辞めた時も辞めずに残ってくれた。もう1人、辞めなかった橋詰さんという先輩と2人で、調理場で寝起きしながら1週間、父が補充の調理人を連れてくるまで耐えてくれた。この時、経営の私と調理場の竹岡君、全般を見る内藤君で、父の下で新しい人事体制が整った。

1981（昭和56）年には、愛知県中華料理環境衛生同業組合の常任理事に就任した。支部長のようなものだ。また、会社を継ぐ決意表明をしてからしばらく、父の指示で経理の仕事を経験した。小さいころから他の学科はともかく、算数、数学だけは成績が良かったこともあり、仕事は面白かった。会計の知識を詰め込んだので、この後、会社運営に大いに役に立った。

80年代、山手通本店前で娘たちと

財務的な感覚

専務になった頃、日本と台湾の実業家で作家、経済評論家、経営コンサルタントの邱永漢さんの本をよく読んだ。邱さんはもともと台湾の人で、食通でも知られていた。

邱さんはお金を信用せず、会社経営には損益ではなく、財務的な発想が必要だという考えだった。会社は、収支が赤字でもお金が入ってくればつぶれないが、黒字でもお金がなければ立ちいかないということだ。その考え方は台湾の歴史から培われているようだった。台湾は戦争で一時日本国になった時、それまでのお金は紙くずになり、日本の敗戦で日本のお金も紙くずになった。それで台湾の人はお金を信用しなくなった。

さて、そんなある日、またまた父が私のデスクに来て、例の真剣な面持ちで話があると言う。今度は何かと思っていると、父はおもむろに実印と銀行印を差し出し、「今後はお前が管理してくれ」と言う。印鑑なので小さくて軽いが、心の中には「責任」が重くのしかかってきた。

父も私が財務的な感覚を養ってきたのが分かってきたのだろう。それ以後、小切手や銀行の書類の押印などは、ほぼ私がやるようになった。同時に銀行や融資の仕事もするようになり、財務的な仕事の基礎を身につけていった。

その頃、パーソナルコンピューターが発売された。当時全部そろえて70万円ぐらいだったと思うが、父は新しいものが大好きで、先見の明もあり、思い切って買った。1982(昭和57)年のことだ。経理や給与計算に使うつもりだったが、買ってみてソフトがないと何もできないと気づいた。メーカーに「こんなソフトを作ってほしい」と言ったら350万円という見積もりを出してきて驚いた。勉強しながら自分で作ることにした。

妹の夫が、アメリカからコンピューターにまつわる商品を輸入する会社を経営していて、その義弟の部下から教わり、専門書を片手に、給与計算と簡易な会計をできるプログラムを自分で作った。約1カ月間、半分徹夜状態で取り組んだが、熱中したのであまり苦しいとも思わなかった。そのソフトはその後10年くらいは使っていた。

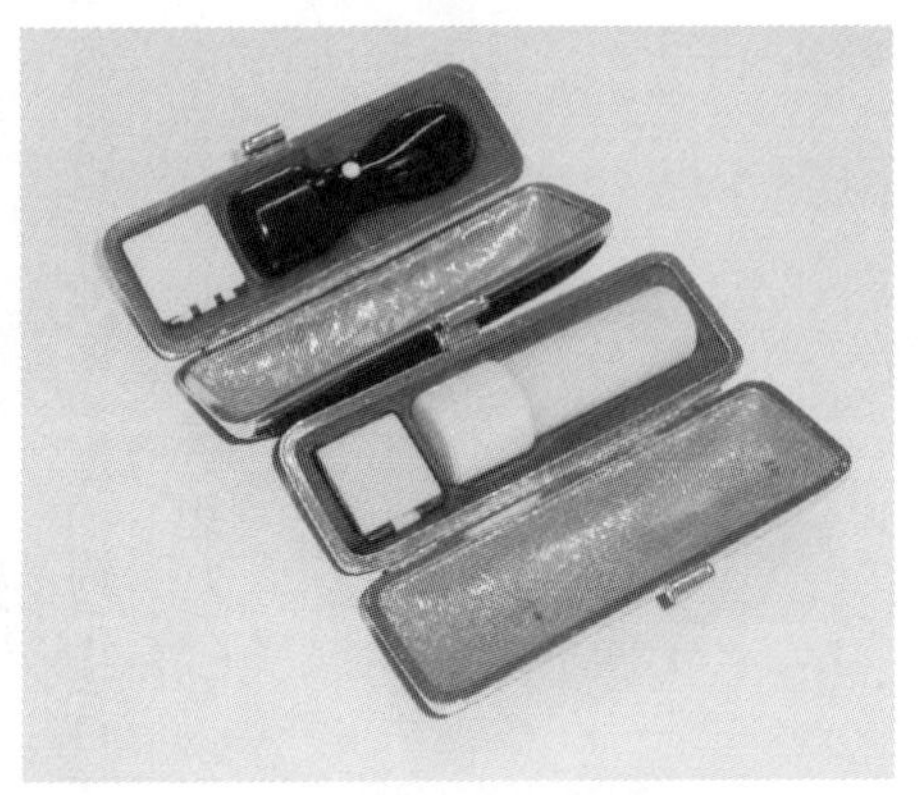

父から託された印鑑

1日に8食の旅

１９８３（昭和58）年、まなみが小学校に上がった。

当時の調理場は膨大な作業量があり、調理人たちも長時間労働は当たり前だった。少しでも作業量を減らそうと考え、どこか別の場所で仕込みの一部をまとめてできないかと父に提案した。父も賛成し、浜木綿山手通本店のあるビルの2階に調理場をつくり、仕込みなどをやるようになった。当時は第2調理場と言っていたが、これが後にセントラルキッチンにつながった。料理の味を安定させるためにも、こうした生産の効率化は必要だった。

この頃から、調理学校から卒業生を採用するようになり、我が社で人材を育てることを続けた。当時採用した調理学校卒業生が生田君、亀嶽君、中村君、藤垣君といった面々で、藤垣君は２０２１（令和３）年で定年を迎え、今もそのまま勤務を続けている。生田君は取締役として経営に関わってもらっている。

1985（昭和60）年、山手通本店の向かいに「ＹＹＹプラザ」という、子ども向けショップを集めたビルができた。子ども服の店や子ども向けの教室などが入っていた。私たちにも声が掛かり、中国茶を飲める小さな中華喫茶店「点心」を出した。第2調理場で作った点心をそのまま向かいに持って行って売った。

また、新瑞橋店の2階が空いたので、そこに宴会場を増設。翌86（昭和61）年には山手通本店を全面改装して座敷も作った。改装して席数を増やすとお客様が増えた。投資しただけ売り上げが伸びる、そんな時代だった。同年、あづみも小学校に上がった。

この頃から、研修のために従業員を連れて台湾に行くようになった。味は口で説明するより、実際に食べてもらった方がよく分かるからだ。1日に8食ほど食べた。

さて、経営者の集まりである愛知県中華料理環境衛生同業組合に入会しただけでなく、調理人の集まり、日本中国料理協会ともよく交流した。そこで知り合った人たちには調理師の募集など、いろいろ助けていただいた。その中の1人の調理人の紹介で、千種区四谷通に浜木綿を開店することになった。

研修で台湾旅行へ

第二章　2代目社長として

社長の重み

1987（昭和62）年、浜木綿四谷通店をオープン。当時の千種区四谷通は、近くにあった中京テレビがいろいろなイベントを繰り広げており人がよく集まった。このため、四谷通店も開店当初は繁盛した。

さて、四谷通店の話が進んでいる折、岐阜に行っていた父が車を降りる時に滑って転んで骨折し、入院した。しばらく経営指揮もできないような状態だった。夏だったと思う。

それでこの時は私から「社長を代わろうか」と切り出した。父は「やってみたらよいよ」と即答だった。

父にはもともと私に継がせたい気持ちがあって、すんなり受け入れたのだろう。私が話を進めた四谷通店も開店でき、同年9月の株主総会で私の代表取締役社長就任が正式に決まった。39歳、秋の足音が聞こえ始めていた。

社長交代は簡単にハガキで通知し、お披露目のパーティなどはしなかった。ただ、従業員はやはり大きく動揺し、後で聞いた話だが、辞めようと思った人もあったそうだ。

私はそれまでに人事以外の経営者としての実務はほとんどやっていたので、変な自信を持っていた。だが、どんなに実務をやっても社長と専務は違うと、すぐに思い知らされた。

父はそれまで社長として、難しい決定をすべてやってきた。私はそういう社長業の重みを全く分かっていなかった。社長とは何をすればいいのかも分かっていなかった。会社の行く末には従業員の生活がかかっている。その会社の行く末を左右する社長の責任の重みが、社長になった私にのしかかってきた。

父は会長になったが、やはり会社のこととなると私と意見が違うこともある。

私は父を「越えたい相手」と思っていた。だから意見を反対されるとむきになり、言い合いにもなった。そのうち、父は「相談には乗るが、お前に任せたんだからよいようにやってみろ」と言い、口を挟まなくなった。皆にも「社長に聞くように」と言って、どんな案件も私に回すようになった。やり方を強制せず、社長になったからには好きにやれということだったのだろう。同じ立場なら絶対に口出ししそうなので、父の忍耐力は立派だったと今は思う。

浜木綿四谷通店の前で、
成人式を迎えたバイト店員と妻の記念撮影

愛知中小企業家同友会に入会

1987（昭和62）年、浜木綿の社長に就任した。だが、社長とは何をすればいいのか分からず、憂鬱（ゆううつ）な日々を過ごしていた。

私は、会社に「頼れる人」に入ってほしいと思い、妻を取締役に就かせ、できたばかりの浜木綿四谷通店の責任者になってもらった。専業主婦だった妻は随分戸惑ったようだ。ただ、店の切り盛りは見事にやってくれた。

そんな折、食肉業者の柴田さんから、中小企業経営者の集まりである愛知中小企業家同友会のことを教えてもらい、同年10月、同友会昭和支部に入会。ここでいろいろ学び、私の中で経営者の概念が形になっていった。入会を勧めてくれた柴田さんは恩人の1人だ。

同友会に入会して初めて「経営指針」というものを意識した。経営指針は「経営理念」「経営方針」「経営計画」の3点セットだ。経営指針をつくるには「どんな考え方で」「どの方向へ」「どんな方法で」を明確にしなければいけない。簡単そうだが難しい課題だ。

88（昭和63）年、小学6年生だったまなみが水泳の大会で全国学童記録を出した。子どもたちはあっという間に育っていく。仕事が忙しく、子どもたちが幼いころは一緒に過ごすことがなかなかできなかったが、その活躍は、経営指針をつくるためにがむしゃらに勉強していた私に、会社の成長を意識させることになった。飲食店経営は基本的に毎日が同じことの繰り返しだ。だが私は、発展や成長を追いかけることで仕事の楽しさを実感できると考えるようになった。

浜木綿山手通本店が好調だったので、事務所と第2調理場として使っていた2階も店舗スペースにすることにした。2階には宴会場を設けたので、店舗スペースがかなり増えた。お店は順調に繁盛していた。

ただ、セントラルキッチンの必要性を痛感していた。だが、本店の改装費などもあり、資金に余裕はなかった。そこで妻の父に天白区島田の土地を買ってもらい、その土地を会社が義父から借り、そこにセントラルキッチンを建てることにした。

愛知中小企業家同友会の勉強会で

私を変えた自己啓発セミナー

１９８９（平成元）年、セントラルキッチン島田工場を建設。専門的で高度な技能を要する調理など、調理の一部をまとめて行う施設だ。土地を購入してくれた義父は、娘夫婦の将来のために援助してくれたわけだが、私には「将来の年金になるようによろしく頼むよ」と言った。本当にありがたかった。

同年、まなみが中学校に進学した。

さて、山手通本店の常連のお客様のつてで、千種区・末盛通のテナントビルへの出店の話が舞い込んだ。だが、山手通本店を改装し、セントラルキッチン島田工場を造ったばかりで財政的に無理だと断った。すると、最初は家賃も通常の半分で、繁盛したら徐々に上げてくれればよいし、８００万円ほどの外構費を負担してくれるという。いろいろ考えた末、やることに決めた。90（平成

2）年のことだ。だが、この浜木綿末盛店は最初、かなり苦戦した。盛り返すのは後の話だ。

社長になって入会した愛知中小企業家同友会では外食部会に入った。そして91（平成3）年のある日、いつものように夜遅くまで仕事をしていると、外食部会で知り合った、アイスクリームを製造販売している川澄さんが訪ねてきた。「こんな夜遅くに何ですか？」と聞くと、「とても良いセミナーがあるので行ってみませんか」というお誘いだった。そのセミナーは日本創造教育研究所というところが主催する自己啓発セミナーだった。

このセミナーは後の私に大きな変化をもたらした。その後、自己啓発に関するSMIというプログラムやナポレオンヒルプログラムなども勉強し、「能力は人によってそれほど変わらない」「かなえたいことがあれば、かなえる力は誰もが持っている」と信じられるようになった。

努力すれば何でもできると思うだけで、どんな努力もできるようになり、「できない」と思った瞬間に努力すらできなくなる。同じ外食部会で知り合った食品卸会社の平井さんの紹介で、村上和雄さんという分子生物学者の講演に出席した時、人の遺伝子情報は人によって1％前後の違いしかないという話を聞き、大いに納得したものだ。

分子生物学者の村上和雄さん（左）と

大きな目標を掲げる

1992（平成4）年、まなみは高校に、あづみは中学校に進学。

この頃、私も何でもやってみようという意欲に燃えていた。とは言え、大型店をつくるには資金や調理人の育成がまだまだだったので、セントラルキッチン島田工場を生かして成長できる道を考えた。

そんな時、愛知中小企業家同友会外食部会の沼波(ぬなみ)さんという、惣菜業をやっている人の紹介で、名古屋港水族館の隣にあるショッピングモール「JETTY」で同年10月、中華のファーストフード店「ドラゴンボウル」を開店することになった。ボウルというのは丼のことで、つまり丼屋さんだ。中華丼、酢豚丼、麻婆豆腐丼などを出した。最初は好調だったが、2年ほどすると売り上げが落ち、残念ながら98（平成10）年に閉店した。

さて、同友会昭和支部の例会で「あなたは会社をどうしたいのか」というテーマの発表をする機会があった。真剣に考え、年商20億円を目指して会社を成長させると発表した。当時の年商は5億円だったので、ドキドキしながら大きく目標を掲げたつもりだ。この目標は会社を大きく前進させてくれた。

当時、同友会昭和支部の支部長は堀尾さんという人だった。何よりも昭和支部で一緒に勉強できたことは大きな財産だった。この堀尾さんのアドバイスで、店で配っているアンケートに住所を書いてくださったお客様に試食券を送るようになった。とても好評で、今も浜木綿のＤＭの定番になっている。

93（平成5）年、同友会外食部会の平井さんが主催する、ちょっとスピリチュアルなセミナーに参加した。ハワイ在住のチャック・スペザーノという心理学博士が講師だった。人は心の中の傷を癒やすことで積極的に生きられるというような内容だ。この博士のセミナーにも何度か参加し、人は心に深い悲しみを持って生きていると感じた。

この年には、初めて経営計画発表会を開催した。計画書には、同友会で発表した「年商20億円を目指す」を受け、年商20億円、ロス削減による材料費支出の抑制、労働時間40時間／週、経常利益1億円などの目標を書いた。以後毎年、発表会を開くようになった。

経営計画発表会にて壇上に立つ筆者(2002年)

天命を自覚

１９９３（平成５）年、ジャスコシティ八事店（現イオン八事店）がオープンし、そこに「四季惣菜」という惣菜店を開いた。ジャスコさんから「惣菜店を開かないか」と誘われたからだ。

また、浜木綿四谷通店を居酒屋風中華料理店にリニューアルし、店名も「唐迦羅（からから）」に変更した。近くにあった中京テレビのイベント開催が少なくなり、客足が落ちていたのでてこ入れだった。この頃、中部経済新聞に我が社の中期経営計画の記事が掲載された。少し誇らしかった。

こうして私が会社を成長させようと、がんばることができたのも、家族の存在が大きかった。仕事が忙しかった私は育児にもなかなか関われなかったが、たまの休みの日は娘たちを遊びに連れて行った。

ただ、幼稚園のイベントなどは、父親が見に来やすいように日曜日に開いてくれるが、私はむしろ見に行くことができなくて本当に悲しかった。まなみが東海や名古屋の水泳大会で優勝したり、娘たちが奮闘するのを見て、「目標を持ってがんばれ」と言っている私自身も大きな目標に向かって奮起せねばと思った。中華料理で中部一を目指そうと決意した。

そんな中、日本創造教育研究所のセミナーで哲学者の芳村思風先生の講義を聞いた。その後、愛知中小企業家同友会外食部会の平井さんのお誘いで、芳村先生の講義を度々聞きに行った。

「人は何のために生きるのか。何のために仕事をするのか」が私の心の課題だった。

「年商20億円」を目標に掲げたものの、実際に20億円を目指すと自分にも周囲にも負荷をかける。そこまでやる意味は何なのか。そんな私に、芳村先生の哲学が一つの答えをくれた。振り返ると、父が台湾出身で、自分が中華料理に関わっているのは天命かもしれないとも思えてきた。心の中の課題が整理できた。そうなると次に考えるのは、目標を達成するには具体的に何をすればいいかということだ。

これまでも私の人生には、ところどころに分岐点があった。この93年もその一つだったようだ。

哲学者の芳村思風先生(左から3人目)と。左から２人目が筆者

「50億の会」

同じく1993（平成5）年、愛知中小企業家同友会昭和支部で、年商50億円以上を目指す有志によって「50億の会」というものをつくることになった。当時の私の目標は年商20億円だったが、山田さんに誘われて参加した。昭和支部の仲間で、マーケティングやランチェスター戦略などを勉強していた人材派遣会社の内藤さんから、いろいろ教わろうという会だ。

これまで私は、成長に必要なポイントは三つあることを学んできた。

一つは「行き先を決める」こと。思ったことは実現する可能性が高いので、まずは「思うこと」が大切だ。

二つ目は「目標を目指す理由を見つける」こと。私は目標に天命を感じ、目標を持って成長することが楽しかった。

三つ目は「どうやって行くか」、つまり、方法を考えることだ。そのことをこの会で勉強した。特にマーケティングをよく勉強した。

例えば、ドリルメーカーは売り上げを伸ばすため、より高品質のドリルを開発しようとする。しかし、顧客はドリルをほしいわけではなく、穴を開けるためにドリルを買う。「ドリルメーカーは、穴を開ける技術の開発に注力すべきだ」と考えると「光で開ける」「音で開ける」と、いろいろな技術開発の発想が出てくる。また、地下鉄を造るための掘削工事も自分たちの仕事になるかもしれないと考えられて、仕事の幅も広がる。

浜木綿に予約の電話があると、個室のようになっている席から埋まっていく。メニューの注文は「任せる」と言われる。一番に求められるのは快適な空間で、料理はその次だということに気付いた。そこで、売り上げが伸びていなかった末盛店で座敷の個室を増やしたら、月800万円だった売り上げが3カ月くらいで1千万円を超えた。「お客様が求めているものは何か」をつかむのがマーケティングの基本だ。

この「50億の会」は2005（平成17）年ぐらいまで続き、経営に関するいろいろなことを相談できる大きなバックボーンとなった。特にここで学んだマーケットのとらえ方は浜木綿の成長の要因の一つになった。

「５０億の会」のメンバーと。後列の右端が筆者

上場を目標に

1994（平成6）年、浜木綿名古屋インター東店を開店。

ホテルや駅前にある、本格的で高級な中華料理店は子ども連れでは行きにくい。住宅地の中華料理専門店も少々値段が高い。一方、低価格が売りのチェーン店は予約できないし、メニュー数も少なく、ゆっくり食事できる雰囲気ではなかった。

そこで、気軽に家族が行ける価格で、ゆっくりと食べられて予約もできる店である浜木綿を主力にして、チェーン展開することにした。そしてあまり中華料理店が出ていない、住宅地を控えた幹線道路沿いに店を出すことにしたのだ。そのコンセプトに基づく最初が名古屋インター東店だった。

さて、この頃に出会った人で、とても影響を受けた人がいる。もう亡くなられたが、経営コンサルタントの石井諭さんだ。有名な大手飲食店の上場に貢献した人で、我が社のコンサルタントもお願いした。石井さんの影響で上場が私の目標の一つになった。

また同年、浜木綿四谷通店を社員に譲渡し、ＹＹＹプラザの中華喫茶店「点心」を売却。どちらも売り上げが伸びていなかった。

この年は、ジャスコワンダーシティ店（現ｍｏｚｏワンダーシティ）に惣菜店「四季惣菜」と丼店「ドラゴンボウル」を開店した。ジャスコシティ八事店で「四季惣菜」をやっていたので、ジャスコさんから要望があったからだ。

95（平成7）年、まなみは筑波大学に進学し、あづみも高校生になった。

この年は浜木綿春日井店と、ジャスコ岡崎店に「四季惣菜」を開店し、ジャスコワンダーシティ店の「ドラゴンボウル」を早々に閉店。成長の形を模索していた。

浜木綿春日井店の開店は、前年に開店した名古屋インター東店がどうなるか分からない時だったので不安だった。しかし、開店してみるとものすごい反響で、初年度は４億円の売り上げを記録。本店でもなかった数字なので、この快挙は大きな自信になった。周辺に中華料理店が他になく、商圏の広さが功を奏した。

経営コンサルタントの石井諭さん（前列左端）と。
筆者は前列中央

母の急逝

1996（平成8）年、浜木綿山手通本店の1階を全面改装した。新瑞橋店の2階も改装し、個室にもなる宴会場を造った。「50億の会」での勉強から個室にニーズがあると分かり、個室感覚の部屋を増やしたのだ。

97（平成9）年、3店舗になっていた惣菜店「四季惣菜」は、結局全店閉店した。あまり売り上げが伸びていなかったし、浜木綿を増やしたことで手が足りなくなっていたからだ。

その一方で緑区の滝ノ水に「四季亭」という店を開店した。コンセプトは「社員が独立を目指すモデルとなる、こじんまりした店」だ。ヒルトンホテルで料理長をやっていた陳さんに調理を任せたところ大繁盛店になり、半年先まで予約が埋まった。その後、増設をして店を大きくした陳さんは10年ほどしてオーストラリアに移住してしまった。現在も店は続いている。

98（平成10）年、あづみが日本福祉大学に進学。

この頃、私は会社を上場させたいと考え、経営コンサルタント、石井諭さんのアドバイスで、本社ビルを管理していた日南商事と浜木綿の合併のため、日南商事の取締役を辞任した。合併したほうが上場しやすいからだ。

また、この年は4月に妻の父が急逝、続いて5月に私の母、登喜子が逝ってしまった。70歳の誕生日を迎える直前だった。何とも悲しい年になってしまった。

長い間、母と2人で旅行などしたことはなかったが、なぜか亡くなった年の2月に北京、3月に香港と2度も2人だけで旅行した。この時に父との出会いや恋愛など、それまで聞いたことのない若い頃の話をいろいろ聞いた。

母はいつも、私のすることに賛成し、勇気をくれる存在だった。何にでも精一杯に挑んできた母の生き方は、今も私の中に生きている。母をひと言で言い表すとしたら「誠実」だろう。母はいつも「誠実に生きなさい」と言っていたし、本人も誠実に生きた。それだけに母の突然の死は、私の心を深く沈ませた。

だが、事業は立ち止まるわけにはいかない。同じ年、セントラルキッチン島田工場が手狭になってきたので、天白区に土地を借り、新しくセントラルキッチン植田工場を建設。島田工場跡はその後、倉庫として使っている。

母と北京で

チェーン展開を本格化

1998（平成10）年、浜木綿黒川店を開店。いよいよ浜木綿のチェーン展開を本格化させたのだが、そのためには社内の改革も必要だった。調理を分業化し、セントラルキッチンで調理の一部をまとめて行うこともその一つだった。また、調理学校の卒業生を採用して人材育成を行った。調理要員の若年化だ。

さらにセントラルキッチンで技術の共有化を進めた。例えば、点心は専門的な技が必要な料理だ。チェーン展開した各店にその専門調理人を入れることはできないが、セントラルキッチンで専門調理人がまとめて作れば全店で提供できる。

こうして、できるところは合理化、機械化しつつ、きちんとした料理を提供する浜木綿独自のモデルを構築していった。

99（平成11）年、まなみは大学を卒業。それから専門学校に通い、そこを出た後、しばらく幼稚園に勤めた。

この年、年商20億を突破。中部経済新聞に浜木綿の中期経営計画のスタートが記事掲載され、「7年後に百億円へ」の文字が踊った。私も奮起せざるを得なかった。

また、浜木綿岩塚店、浜木綿守山大森店を開店。さらに店舗を増やすため、資金はまだまだ必要だった。それで手を尽くし、ある大手飲食店チェーンに8万株、つまり約33％の株を買ってもらうことにした。これで我が社の資本金は2億2052万円になった。

この飲食店チェーンに株式を買ってもらう前年、ベンチャー会社や従業員にも増資して割り当てを行っていた。当時の役員や父がお世話になった人にも株式を譲渡して株主の数は一挙に増え、上場への機運も高まってきた。

それに、大株主の大手飲食店チェーンやベンチャー会社と関わり、我が社は飛躍的に変わった。監査法人が経理を見るようになり、数値が正確に、そして明瞭になった。これによって会社の数値を社員が共有できるようになり、経営者と社員たちが毎月の損益表を見て、課題に向き合えるようになった。これが上場を目指したことで一番良かったことだ。

大株主の飲食店チェーンには物流会社を紹介してもらい、物流システムを改善することもできた。

若手を多く採用(２００２年の入社式)

食材ロスを積極的に削減

従来、野菜、肉、魚介などの食材はそれぞれの業者が店舗ごとに運んでいた。それを、食材すべてを物流会社に運び、物流会社から各店舗に運ぶようにした。コストの削減につながった。また、他の店舗から離れた場所の店舗に食材を運ぶのも食材業者では難しかったが、物流会社はどこへでも配送できる。これで浜木綿も遠方への出店が可能になった。

監査法人と付き合うことになり、原価差異という概念を教えてもらったことも、収益に大きく関わった。原価差異は簡単に言うと、仕入れた原材料の量と、それを使った量の差だ。この差が食材ロスになる。

実は我が社では１９８９（平成元）年頃から、お客様から受けた注文がすぐ調理場でモニターに表示されるシステムを使っていた。このシステムには仕入れた原材料の量や注文のあったメニューの記録が残るので、どんな食材がロスになっているかを把握できた。原価差異のことを知って、我が社はこの食材ロスを積極的に減らすようになった。

さて、中区錦のテナントビルに出店しないかという話が来て「ハッピーキッチン」をオープンした。２００１（平成13）年のことだ。お酒を主体にした居酒屋のような中華料理店で、「四季亭」同様、従業員が独立のモデルにできる店だった。独立を志して飲食店に入ってくる従業員もまだ多かったので、モチベーションを上げるためにそういう店が必要だった。

02（平成14）年、あづみが日本福祉大学を卒業し、老人ホームで勤め始めた。

この年は浜木綿岐阜県庁前店、中川区に浜木綿昭和橋通店、緑区に浜木綿白土店、そして浜木綿ラグーナ蒲郡店を開店した。浜木綿は大型店なので人材育成や資金の負担が大きく、立地も商圏人口を15万人程度と設定していたので、出店には大きな馬力を必要とした。今もこれは課題として残っている。

「ハッピーキッチン」のリーフレット

年商30億円突破

浜木綿ラグーナ蒲郡店は父が持ってきた話だった。

父はヨットが好きで蒲郡方面によく行き、蒲郡の人とつながりができたらしい。蒲郡に新しくラグーナ蒲郡（現ラグーナテンボス）というリゾート施設ができたので、そこに出店しないかという話だ。こうして２００２（平成14）年に開店した浜木綿ラグーナ蒲郡店だが、店が小さくてメニューを減らしたこともあり、なかなかうまくいかず、結局５年で閉店した。

同じ年にはデンソーの福利厚生施設、Ｄ―スクエアから特に四季亭をという要請があり、四季亭「Ｄ―スクエア刈谷店」も開店した。デンソーの担当者が四季亭でいろいろ食べて「これを社員にも食べてほしい」というメニューを選んだ。ここは現在も営業中だ。

ちなみにこの年は、中区錦の「ハッピーキッチン」は業態変更し、アルコールより食べ物に力点を移した「浜木綿旬菜館」として新規開店した。

こうして我が社も売り上げが年30億円を超えた。だが、会社全体の状態を把握しにくくなり、売り上げの伸びも頭打ちになってきた。人材が育たないうちに開店するので、いろいろと障害も起こった。料理の質がばらつき、客離れが進む店も出てきた。会社内部の改善が必要になってきた。

この会社の低迷をどうしようかと思い巡らせていたある日、父から山本美穂さんを紹介された。父の古い友人に、中国料理や調理法を研究していた短大教授、加田静子さんという人がいて、山本さんはその助手だった人だ。

山本さんには営業企画を一手に引き受けてもらい、メニューなども女性目線で一新。さらに、加田さんは08（平成20）年に調理師の大島敏幸さんを紹介してくれて、浜木綿に新しい味を加え、メニューに厚みをもたらすことになった。

大島さんは名古屋国際ホテルで中華の調理人だった人で、今は浜木綿の総料理長だ。

山本さんも大島さんも現在は当社の役員として活躍しているが、すべては加田さんを紹介してくれた父から始まっている。この2人は父が残してくれた贈り物だと思う。

03（平成15）年には、浜木綿の1号店、新瑞橋店を浜木綿旬菜館にリニューアルし、浜木綿春日井店もリニューアルした。

父のヨット「はまゆう号」

ドラッカーとチェーンストア理論

低迷期なので、浜木綿以外でいろいろ試していた。それで2003（平成15）年、岡崎市に「プーアープー」という小皿料理の店を開店した。浜木綿はファミリー向けなので1皿の盛り付けが多く、2人連れではいろいろな種類の料理を食べきれない。そこで小皿料理の店にしたのだが、あまりうまくいかなかった。

上場を目指していたこの頃は行き詰まりも感じていた。生き方などは哲学者、芳村思風先生から学び、疑問はなかったが、会社のことになると分からなくなっていた。

そんな時に出会ったのが、経営学者、ピーター・ドラッカーの著書「マネジメント」と、経営コンサルタント、渥美俊一先生のチェーンストア理論だった。

「マネジメント」は何度も読み返し、座右の書となった。経営の大概の根本的な疑問はこの本が解いてくれる。他にもドラッカーの著作は随分読んだ。

渥美先生は日本でチェーンストアを広めた人だ。1962（昭和37）年にチェーンストア経営研究団体「ペガサスクラブ」を設立。日本の代表的なチェーンストアはほとんどそこで勉強している。後年、私もペガサスクラブにも入り、その出身者が開講した「名古屋革真塾」という塾にも参加した。

しかし、私が知らないだけかもしれないが、こうしたチェーンストア理論を学べる大学が日本にないのが不思議だ。アメリカの大学にはレストランのマネジメントを教えてくれる学科があるという。日本でもぜひ、そんな学科ができるといいのだが。

この頃、我が社は二つの大きなシステムをつくった。

一つは物流システムだ。それまでファクシミリを使っていた、各店舗と食材業者と物流会社を結ぶやり取りに、パソコンのフリーソフトを導入して簡易化を図った。

もう一つは労務計算のシステムだ。飲食店は時節によって忙しさにも変動があるので、従業員の最適なシフト組みがなかなか難しい。そこで、今日はどんなシフトにすれば、従業員1人当たりの売り上げが安定するかを計算できるソフトをつくった。これは後年、会社のピンチを救ってくれた。

さて、2004（平成16）年は、我が家に悲劇的な出来事が起こった。

１皿の盛り付けが多い浜木綿のメニュー

自由奔放を貫いた人生

浜木綿の創業者で父の林益茂が逝ってしまった。享年78歳。２００４（平成16）年、当社の期末の日である7月31日だった。父はきちんと期末まで仕事をし続けたのだと思った。

母が逝く前には母と２人で旅行したが、今回は私と妻の２人で父の代わりに父の青春をたどった。３月頃だったが、父が私のところに来て「戦後、私が日本に来る時、台東から港町まで行ったルートを見てきてほしい」と言い出した。その時は「父も歳を取ったなあ」というくらいにしか思わなかった。

それで妻と一緒に台湾へ飛び、車でそのルートをたどってみた。父が幼い頃に住んでいた村に寄ると、父たちの家も遺跡みたいに残っていて驚いた。偶然、父の従兄弟にも会った。

台湾に行く前、父は私に手紙をくれていた。父が母と出会った当時の時代背景やその時の思いなどが書かれていて、文面から母への恋慕の気持ちが伝わるようだった。

帰国した直後、父の主治医から、父が大腸がんで余命3カ月と聞かされた。いきなりのことだった。もともと父は肝臓を患っていた。だから、血液検査をしてもそれは肝臓が悪いからだと考え、大腸がんに気付かなかったらしい。ただ、父自身は何となく察したのか「医者から何か聞いたら隠さずに言ってくれ」と言っていた。それで本当のことを話し、手術して命を少しでも延ばすか、そのままにしておくのかを父に委ねた。少しでも生きる努力をしたいと言うので、手術を受けることになった。手術の日まで、いろいろな人に私を助けてくれるように頼んでいたようだった。

手術のために入院した父が戻ってくることはなかった。父が渡してくれた手紙と、台湾で見た父の痕跡は、父をより深く知る手掛かりとなった。
母は「誠実」という言葉で言い表せたが、父には「自由」がピッタリだった。
不自由を極端に嫌い、自由奔放な生き方を貫いた。
そして翌05（平成17）年も、我が家は落ち着くことがなかった。

晩年の父

夫婦で長生きを誓う

父が亡くなった翌２００５（平成17）年、まなみとあづみが続けて結婚した。父も孫の結婚式を楽しみにしていたと思うが、残念ながら間に合わなかった。父はとても身体を大切にしていたので、もっと長生きをすると思っていたが、最後にちょっと失敗したようだ。本当に残念でならない。

娘たちは、私の父が逝ってすぐに結婚するのは、やはり急すぎると思ってとても気にしていたが、おめでたいことなので、気にしないようにと伝えた。結婚式当日も、父はどこかで孫の晴れ姿を見ていたはずだ。多分、母と一緒に。

しかし、一挙に二人が結婚するというのは、さすがに寂しく、結構こたえると思った。まなみは横浜へ行ったが、あづみはとりあえず近所に住んでくれたのでちょっと安心した。それでも、父がいなくなり、二人の娘が結婚し、生活はガラリと変わった。
その後は07（平成19）年、あづみに長男、秀元、まなみに長男、大晴が誕生。09（平成21）年にはあづみに次男、奏、さらに11（平成23）年にあづみに長女、杏、12（平成24）年にはまなみに長女、陽乃が誕生した。結婚してあづみは近所のアパートで暮らしていたが、子どもができると我が家で3世代同居を始めた。

こうして私は初めて子どもをお風呂に入れる経験をすることになった。新鮮で感動した。また、孫が少し大きくなると、朝まだ寝ている私のところに飛んで来て「遊ぼう」とせがまれたりした。さすがに体力的に大変だったが、この生活は間違いなく私に多幸感をもたらした。

妻と「孫たちの結婚式までは長生きしよう」と誓い合った。秀元も大晴も高校生になったばかりだ。目標はまだ遠く、私はまず禁煙した。

さて、時系列を戻すと、娘たちが結婚した05（平成17）年には、中区錦の浜木綿旬菜館を閉店。売り上げが伸びなかったからだ。小皿料理の店「プーアープー」岡崎店も浜木綿岡崎北店としてリニューアルした。

娘や孫たちと

浜木綿の強化路線を歩む

2005（平成19)年、浜木綿国分寺北町店を開店して東京進出を果たした。もともと飲食店だったところなので、開店費用を抑えることができた。ただ、「浜木綿」は関東では知名度が低く、軌道に乗るまで7年ほどかかった。

浜木綿草津店、浜木綿四日市店を開店したのは、07（平成19）年だった。いろいろ試した業態はうまくいかなかったので、浜木綿の強化を考えたのだ。料理にますます力を入れ、セントラルキッチンの比重も増やした。

この年、愛知県中華料理生活衛生同業組合（01年に愛知県中華料理環境衛生同業組合から改称）の理事長に就任した。

前任の白木信平理事長が病で辞任し、新理事長の推薦で私が副理事長になったのだが、白木理事長と新理事長が続けて亡くなり、急遽、私が理事長に選ばれた。
それまでも研修委員長、外食産業フェアの実行委員などを経験し、組合事業のことは分かっていたので大きく戸惑うことはなかった。ただ、理事長になると必然的に全国中華料理生活衛生同業組合の理事になる。それで全国の組合や会合に行くようになり、全国の中華料理店と仲良くなった。

浜木綿強化路線を継続していた我が社は08（平成20）年、浜木綿桑名店、浜木綿大垣店、浜木綿可児店、浜木綿浜松西インター店を開店。同時に長久手町（現長久手市）に新しい業態「桃李蹊（とうりみち）」も開店した。こじんまりしていて高度な技術が売りの店だ。価格帯は安くはなかったが繁盛し、開店と同時に1時間待ちになる状態が続いた。

02（平成14）年に年商30億円を超えた我が社も、その頃から売り上げの伸びが頭打ちになり、低迷期に突入していた。状況打開のために小皿料理の店を出したりもしたが、何かしっくりこなかったので、我が社のメインである浜木綿の展開に力を入れる、いわゆる浜木綿強化路線を取っていた。この新業態「桃李蹊」も打開策の一つだ。だが、浜木綿強化が思わぬ事態を招き寄せてしまう。

愛知県中華料理生活衛生同業組合の上海への研修旅行で。
筆者は前列左から２人目

赤字とリーマン・ショック

上場を目指して売り上げを伸ばすため、2007（平成19）年には3店舗、08（平成20）年にも4店舗の浜木綿を開店した。さすがに相当の背伸びをしたので、人的なロスや開店費用がかさみ、08年は1億7900万円の経常赤字を出してしまった。

ただ、当時の私はまだそれまでの「家族経営による零細企業」という頭のままだったのだろう。今年赤字を出しても、店も増えたのだから翌年には取り返せると高をくくっていた。当時、我が社はまだ上場会社ではなかったので、上場会社の特別な会計に慣れておらず、重大なことになるとは思っていなかった。

ところが、我が社の赤字は大株主の飲食店チェーンにも影響があり、本当に迷惑を掛けてしまった。浜木綿が株式を買い戻すか、その会社が全株式を買い取るか、どちらか選択してくれと言われた。とは言え、我が社に買い戻すだけの資金はないので、その飲食店チェーンが他に買ってくれる企業数社を見つけてきてくれた。結局、3年くらいかけて分散して数社に株主になってもらった。

そして、この年はさらに追い討ちとなるできごとが起きる。9月のリーマン・ショックだ。おかげで、一時は売り上げが前年比80％近くまで落ち込んだ。当時は売り上げが92％まで落ち込むと利益がゼロになる損益分岐点だった。それが、さらに8％も落ち込めば赤字が出る。

そもそも飲食店の損益のラインは高く、しかも固定費が多いので調整しにくい。本当に頭が痛かった。恐怖にかられ、良くない未来を想像して眠れない夜もあった。

だからと言って、手をこまねいて事態の好転を黙って待っているわけにはいかない。

いくつかの手を打った。まず、雇用を守りつつ人件費を何とかしなくてはいけない。そこで、以前つくった労務管理ソフトをもう一度見直し、徹底して無駄な時間を取り除くようにした。そうして厳密に効率的なシフトを組むことにしたが、時が時なので、社員たちも協力してくれた。賞与も一時的に下げ、経費関係も徹底して抑えた。修繕もほぼやらなかった。しかし、それでもまだ足りなかった。

２００８(平成20)年に開店した浜木綿桑名店

苦しい体験を経営の武器に

２００８（平成20）年のリーマン・ショックで大きく売り上げが下がった我が社は、徹底して出費を抑える方策を打ち出した。もちろん、何とか売り上げを回復する手だてを考えたが、いい手がなく、その後も売り上げの減少は続き、最後に思いついたのはメニューの値下げだった。リーマン・ショックで世の中のお金がなくなり、経済が一挙に縮んでいるので、そのままの価格ではお客様は戻ってこないと思った。この値下げが功を奏したのか、少しずつ客足が戻ってきた。

また、07（平成19）年に3店舗、08（平成20）年にも4店舗の浜木綿を開店した効果もあり、それなりの売り上げを確保できるようになった。おかげで09（平成21）年7月の決算は黒字になり、2期連続の赤字は免れた。

リーマン・ショックで会社がつぶれるかもしれないという恐怖や眠れない夜を経験したが、振り返るとこの時につくった仕組みや考え方が、この後の経営の武器になった。とにかく、1年を待たずに黒字に転換できたのは幸いだった。

リーマン・ショックを経験し、チェーン店として浜木綿を増やしていくにはいろいろ課題があると実感した。店を増やしていくには何か足りないような気がした。そんな時、哲学者、芳村思風先生の塾で知り合った人が紹介してくれた勉強会に出てみた。10（平成22）年のことだ。

それは井崎貴富（いさきたかとみ）さんという経営コンサルタントの勉強会「名古屋革真塾」で、チェーン店の考え方やチェーン店をつくるための方法などを1年12回で学ぶものだった。1回7時間もあり、腰を据えて取り掛からなければいけない内容だ。

そもそも井崎さんはチェーンストア経営研究団体「ペガサスクラブ」で学んだ人で、その後、革真塾を立ち上げ、全国で展開していた。アメリカへのチェーン店視察のツアーも行っていて、私も後に参加することになる。
とにかく、この勉強会の内容は耳新しいことが多く、とてもためになった。
そこで、我が社の主要メンバーにも受講してもらった。

２００８(平成20)年開店の浜木綿可児店店内。
同店も業績向上に貢献

新しい挑戦を考える

「名古屋革真塾」に参加し、チェーン店について改めて学んだ。私たちはこの後、「ペガサスクラブ」にも参加したが、内容が盛りだくさんで、全体を把握するのはかなり難しかった。

革真塾ではペガサスクラブの内容を凝縮し、1年かけて分かりやすく学べるようにまとめたものだったので、すっと理解できた。受講した我が社の主要メンバーたちも、チェーン店とは何かをおぼろげながらにも分かったと思う。

井崎先生は2021（令和3）年に他界されたが、ご存命であればさらに多くの社員に受講させたかった。

リーマン・ショックで低迷が続いていた店舗もあったものの、チェーンストア理論を再度勉強し、また新しい挑戦を考え始めた。

それで、少し売り上げの悪かった新瑞橋店を「チャイナワン」と改称し、チェーンを意識した業態に変えた。

新瑞橋店は浜木綿の記念すべき1号店だが、いささかこじんまりした規模なので、03（平成15）年にその規模に合った業態の浜木綿旬菜館に変えていたところだ。ちなみにチャイナワンは低価格を売りにした業態だった。

ペガサスクラブの教えでは、チェーン店は「ｅｖｅｒｙｏｎｅ　ｅｖｅｒｙｄａｙ（誰もが、毎日）」利用できる業態を目指すこと、となっていた。コンビニエンスストアやファミリーレストランが代表例だ。ただ、中華料理は工程がシンプルではないので、低価格化が難しく、そのためチェーン展開も容易ではない。チャイナワンも結局、14（平成26）年に元の浜木綿に戻した。

この後も11（平成23）年、稲沢市に「チャイナまんま」、12（平成24）年、岡崎市に「中華屋惣兵衛」と銘打って、同じような業態を出店してみたが、残念ながらうまくいかなかった。

岡崎市の中華屋惣兵衛

〝2本立て〟の展開模索

リーマン・ショックを乗り越え、チェーンストア理論を再勉強した私は、チェーン展開に関して試行錯誤を繰り返していた。浜木綿が我が社の主流であることには違いないのだが、大型店なので商圏も15～20万人ほどを想定していて、そう簡単に出店できない。全国展開してもそういう立地は最大200店くらいだろう。一方、少しこじんまりした業態は6～7万人の商圏で成立するので、全国1千カ所以上で出店できる。我が社も浜木綿と、こじんまりした店舗の2本立てを想定し、こじんまりした店をどんなものにするか模索した。それで「チャイナワン」「チャイナまんま」を新しく出店させてみたが、あまり芳しくはなかった。

大型店で低価格を売りにした「中華屋惣兵衛」も、模索の一つで出してみたが、やはりうまくいかなった。テーブルのタブレットで注文できる、当時としては最先端のシステムを導入したのだが、不評だった。中華屋惣兵衛は結局2012（平成24）年に浜木綿岡崎南店にした。すると、繁盛店になった。

その前年の11（平成23）年は妻の母が亡くなり、同年、孫としては初の女の子の杏があづみのところに生まれている。

この年は東北に震災があった年でもある。ちょうどその時、私は浜木綿山手通本店で食事をしていた。すぐに地震とは気づかず、何か気持ちが悪くなったと感じた。その後で東北のニュースが入ってきて驚いた。

幸い、我が社に直接の被害はなかったが、気仙沼から仕入れていたフカヒレの入手が難しくなった。とにかく日本人には忘れられない年だ。

浜木綿名古屋インター東店の地主さんに勧められて名古屋千種ロータリークラブに入会したのは、13（平成25）年だった。ロータリークラブは、世の中にとって良いことに皆で取り組もうという、社会貢献を目的とした会だ。会員にはいろいろな人がいるので、例会で会えるのが楽しみの一つになった。

さて、その翌年は、またこれまでとは全く違う展開を始める。

千種ロータリークラブで

第三章　再び上場へ

20年以上前の宿題

２０１４（平成26）年、我が社は山手通本店近くで不動産店舗「ハウスドゥ」のフランチャイズ店を開店した。チェーン展開に力を入れるからには、こちらが狙っている地域の不動産の情報を早く入手するのが良いのではないかと考えたからだ。出店したい地域での「貸したい」「売りたい」などの物件情報や、どんな地主さんなのかといった情報がほしかった。私はこの不動産業のために宅地建物取引主任者（現在の宅地建物取引士）の資格まで取得した。

だが、すぐにやめてしまった。不動産店だからと言って不動産情報が勝手に集まることはないと分かったからだ。確かに情報も入っては来るが、あまり有益な情報ではなかった。真に有益な情報は滅多に出回らない。ただ、資格取得のために不動産の流通のことや法律などを学び、立地を開発する上で役に立つ知識を得ることもできた。

同じ年、新瑞橋で始めた新業態のチャイナワンを浜木綿新瑞橋店に戻したのは、以前も書いた通りだ。さすが歴史の古い店だけに、お客様も戻ってきた。

この年は浜木綿末盛店をリニューアルしてきれいにし、神奈川県横浜市青葉区に関東進出2店目の浜木綿青葉台南店を開店した。青葉台南店はテナントビルの2階ということもあって苦戦していて、まだこれからだ。

翌15（平成27）年は、11（平成23）年に開店した稲沢市のチャイナまんまを閉店。その一方、浜木綿豊川店、桃李蹊梅森坂店を開店した。

リーマン・ショックを経て、会社の体質は強くなっていた。いろいろと模索もしたが、経常利益は安定し、成長への意欲もあった。社員も立ち直り、賞与や給料も安定していた。

この頃、監査法人から我が社に出向していた担当者が、改まってこんな話をしてくれた。「リーマン・ショックから立ち直り、業績も安定している今こそ上場し、新しい成長の道を志向してはどうでしょう」と。確かに、1994(平成6)年に上場を意識し始めてから20年以上経っていた。私も忘れていた。当社の株主の皆さんにも、何か申し訳ない気持ちがあったのは事実だ。腹をくくる時期かもしれない。

宅地建物取引主任者の資格を取得

今こそ決断の時

「今こそ上場しましょう」

監査法人の担当者にそう言われるまで、会社を建て直すのに夢中だったので、上場のことも心のどこかにあったが、それを封印しているような気持ちだった。ただ、激動のリーマン・ショックを経て、社員もマネジメントがうまくなり、会社全体が強くなったような気がしていた。

2008(平成20)年に長久手町で開店した、こじんまりしているが高度な技術を売りにできる新業態の桃李蹊が、幸いにも好調だった。15(平成27)年には2店目の梅森坂店を名東区で開店できた。

浜木綿は商圏人口を15〜20万人と想定して出店している。大きな商圏は条件に合う立地が少なく、店舗開発に苦労する。おまけに運営責任者も30人程度の人を動かすので、結構大変だ。会社全体の成長を考えると、どうしても商圏の小さい業態も必要となる。それが長らく課題だった。そこで小さな商圏の業態に桃李蹊を据え、浜木綿との2本立てをベースにした成長を実現するためにも、上場しようと決めた。

上場を目指すからには多忙な日々が続くと思われたので、愛知県中華料理生活衛生同業組合の理事長職はさすがに辞することにした。すでに4期を務めたので、十分お役目は果たせたと思う。神野さんという新しい理事長にうまく引き継いでもらえた。理事長を辞したと言っても中華業界から出ていくわけではないので、名誉会長という役職をいただき、業界の皆さんとは今も仲良くしている。

そうしたわけで、もはや我が社の上場を止めるものは何もないといった意気込みになり、16（平成28）年には桃李蹊の茶屋ヶ坂店、上志段味店、春日井東野店、水広橋店、小牧岩崎店を次々と開店。浜木綿も豊田店を開店した。

桃李蹊上志段味店

切磋琢磨

上場を決意したが、どの証券会社にお願いするか迷った。周りに聞いてもいろいろな意見があり、結局、自分にとってどうかという視点から考えることにした。それで野村証券にお願いした。最初に上場を目指した時、いろいろ話を聞いた証券会社だ。野村証券で私が最初に接触した証券マンは、春日井店に家族連れでよく来てくれた。いうなれば、私が上場を目指すきっかけになった人でもある。

その最初の担当者は、今は東京にいるようで、上場で東京に行った時、久しぶりにお会いできてうれしかった。次に我が社の担当を引き継いだ人も店によく来てくれた。そんなわけで、野村証券は付き合いも長く、いろいろ有益な話も聞けたので、結局、野村証券のお世話になることにしたのだ。上場までいろいろな部署の人が助けてくれて、会社ごとサポートしていただいた。

会社を成長させるために役員も増やした。私が入社したのと同じ頃から働き、我が社ではベテランの内藤さん、桑添さん、嶋津さんはその時すでに取締役として会社の運営に力を発揮していたが、総務・経理を担当する三浦さん、立地と店舗開発の生田さん、営業企画の山本さん、料理を担当する大島さん、そして全体の調整役として妻も新しく役員になってもらった。大勢ではあるが、上場後の成長と運営のことを考えると、上場前から役員として経験を積んでほしかった。新旧の役員が切磋琢磨し、成長してくれることを期待した。

2017（平成29）年も浜木綿と桃李蹊の2本立て路線を推し進め、桃李蹊図書館通店（長久手市）と浜木綿安城店を開店した。

桃李蹊は土地が200～300坪あればできる業態なので、比較的出店の立地開発をしやすかった。それに、既に上場に向けて動き出していたので、計画通りに出店させていかなければいけない。さすがに忙しい日々が続いた。
そうして上場への準備を粛々と、また着々と進めていた18（平成30）年は、
また私にとって格別な年となった。

役員が勢ぞろいした２０２１年の入社式

特別な栄誉

上場を目指すと、とにかく忙しくなる。もちろん、上場を甘く考えたことはないが、それでもしなければいけないことが予想以上に増えた。事務仕事も半端な量ではなく、新しく役員となった、総務・経理担当の三浦さんが事務仕事を何とかさばいていった。

上場の準備を進めるといろいろな人と新しく関わり、付き合いが広がっていく。証券会社、監査法人、社外取締役、監査等委員、内部監査役などとの関わりも上場会社特有のものだ。信託銀行、証券取引所、ＩＲや証券報告書の制作会社、投資会社、弁護士、マスコミとの付き合いもあり、株主への責任も重みを増す。また、管轄となる財務省への報告の義務も出てくる。付き合いは他にもまだまだある。さすがに公的な会社になるには、いろいろと社会との関わりが広く、深くなることが鮮烈に分かった。

そんな嵐の中をかいくぐる真っ最中だったような2018（平成30）年には、浜木綿各務原店、浜木綿半田土井山店を開店し、フランチャイズ店だった浜木綿鈴鹿店を直営店に変更した。

そしてこの年は私にとって、生涯忘れられない特別な年になった。旭日双光章受章という特別な栄誉を授かったのだ。

この年、私は70歳になった。古希と呼ばれる歳だ。さすがに私も歳を取ったと思う。ただ、私の祖父などと比べても、祖父には悪いが、70歳ごろの祖父に比べ、70歳の私のほうが少し若く見える。自画自賛だろうか。ともかく、古希が一つの区切りであることには変わりない。

愛知県中華料理生活衛生同業組合の理事長だった私が古希になったので、組合として生活衛生同業組合16団体の連合会を通じ、旭日双光章に推薦してくれた。褒章は60歳までの人に与えられる章で、勲章は70歳以上が対象だ。

1979（昭和54）年に理事に就任して以来、39年になる。推薦を打診された時、素直に喜んでお受けすることにした。

旭日双光章を身につけた筆者と妻

ワクワクと感動

長い間、組合を通じて業界の人たちと交流できたことは、どれだけ今の仕事に役に立ったか分からない。業界内では競合他社でも、皆仲が良い。毎年開かれる全国大会は、理事になってからほぼ毎年行って全国の同業者と楽しく交流してきた。それで勲章までいただけるのだから、まさしく望外の喜びだった。

ともあれ、旭日双光章を受章した。受章が決まって一番の楽しみは、皇居で天皇陛下にお会いできることだった。おとなげないかもしれないが、ワクワクした。必ず配偶者を同行するので、話すと妻もうれしそうだった。

とにかく楽しみだったので、なるべく予習した。実は、旭日双光章は事前に、愛知県庁で愛知県知事の手から渡される。その後、改めて受章のお礼のため、勲章を身に着け、正装して皇居に参内する。

そこで、皇居での会に列席したことのある経験者に、当日はどんな様子なのか聞いておいた。それによると、陛下は列席者にお言葉を賜った後、列席者のところを回られ、必ず2、3人にお声掛けをされるらしい。列席者は、配偶者を入れて300人くらいになる。そのうち、受章者7人ぐらいが縦に並び、その7人の列が20列ほど横にずらっと並ぶ。そこから少し後ろに、配偶者が同じように並ぶ。陛下からのお言葉をいただいた後、陛下は我々が並んだ前を歩かれ、さらにその配偶者との間を歩きながら声を掛けられる。

そう聞いていたので、300人もいる集団の中の方にいては、陛下からお声を掛けていただけるチャンスは遠いと思った。となると、行動あるのみだ。私は受章者を数えながら、なるべく一番端に並べるように入場し、うまく一番左端の位置を確保した。しかし、そんな小細工がいけなかったのか、残念ながら直接お声を掛けていただくには至らなかった。それでも陛下は私からほんの1

メートルのところを通られた。感動した。

皇居での記念撮影

すばらしい贈り物

ちなみに、この時は「平服でどうぞ」とお達しがあった。まさかそんなわけにもいくまいと思ったが、どうやらこの場合の「平服」というのはモーニングコートのことらしい。「礼服」となると燕尾服を指すようだ。また、紫色は「陛下の色」なので、女性でも紫のドレスや着物は着ないという。

それから名古屋に戻った私たちには、世にも盛大なお祝いの席が待っていた。会場は名古屋東急ホテルだ。実行委員長は、私を旭日双光章に推薦してくれた愛知県中華料理生活衛生同業組合の理事長だった。

この歳になると、こんなにゆかりの人が集まってくれる機会は自分のお葬式以外にはないだろう、というくらい呼びたい人をできる限り呼んだ。

妹やおいっ子、めいっ子はもちろん、高校や京都の友人、大学時代の友人、中華料理生活衛生同業組合や組合連合会の人、政治家、取引先の皆さん、名古屋の友人たち、愛知中小企業家同友会の仲間たち、千種ロータリークラブの人、主だった社員、そして家族と孫たち、娘の嫁入り先の親御さんたちだ。お世話になった父の友人たちもお招きした。冠婚葬祭以外に、私のためにこんなに集まってくれることはないので、本当にうれしかった。

その後、名古屋でその年に受勲した人を集めて名古屋商工会議所が開いた祝賀会にも出席した。受勲者が20人くらいいたと思う。ありがたい旭日双光章をいただいただけではなく、陛下に拝謁できたことと祝賀会は人生でのすばらしい贈り物となった。

これが弾みになり、我が社はそれから上昇気流に乗ってばく進を続けることになる。２０１９（令和元）年、元号も平成から令和に変わり、世の中も新しい時代の到来を予感していたかもしれない。ただそれは、嵐の前の静けさでもあった。

叙勲祝賀会で

西への進出

元号が平成から令和に変わった２０１９（令和元）年、大阪府に浜木綿枚方田口店を開店した。関西方面では07（平成19）年に開店した滋賀県の草津店に続く2店舗目だ。

07年と言えば、私が愛知県中華料理生活衛生同業組合の理事長になったり、孫ができたり、いろいろ盛りだくさんな年だったので、本書でも関西進出に触れるのをうっかり失念していた。もちろん、関西進出は以前から考えていたことだ。

哲学者、芳村思風先生の哲学を学ぶ思風塾というグループで、私はその会長を務めたこともあるのだが、滋賀思風塾との交流が滋賀県草津市での開店につながった。滋賀思風塾に不動産業者がいて「関西にも進出したい」と言ったら、土地を貸したいという人がいると教えてもらい、そこが草津店になった。浜木綿はその時、大垣市まで出店していたので「次は滋賀県だな」と思っていた。

ちなみに思風塾は滋賀の他にも神戸、岐阜など、全国7カ所にあり、私が会長だったのは全国の思風塾だ。全国大会があり、滋賀思風塾の不動産業者とよくお会いしたのもその全国大会だった。

ただ、草津店はすぐには繁盛店にはならなかった。滋賀県ではやはり「浜木綿」自体の知名度が低かったからだ。その後、7年くらいかけて徐々にお客様も増えていった。

そして関西の2店舗目が枚方田口店だ。実は長浜や京都で開店したかったが、なかなか「これは！」という物件が出てこない。だから、出てきたところからやるしかない。本来、チェーン店はチェーン、つまり鎖のように商圏が少しずつ重なり、連なって伸びていく必要があるのだが、実際には難しい。

　枚方田口店は開店したばかりで、まだまだ苦労している。開店の翌年にコロナ禍が始まったことも大きく影響した。営業自粛、外出自粛が続き、何も手を打てなかった。コロナ禍が落ち着いてから仕切り直して「再開店」しようかとも思う。

　そしてこの19年は、前年の旭日双光章に続く大きな喜びもあった。

浜木綿枚方田口店

鳴り響いた鐘の音

我が社は東京証券取引所と名古屋証券取引所に念願だった上場を果たした。2120円の公募価格から結構な上値まであって、当日はホッとした。

その日、2019（令和元）年10月18日は役員全員を連れて東京証券取引所に行き、上場セレモニーを開催した。上場認証式や記念撮影を行い、役員たちと鐘を鳴らした。鐘は「五穀豊穣」にちなんで5回鳴らす。だが、この日の一番のイベントは、上場して株に値段が付くことだった。

1日中緊張していたが、あの鐘や回る値段表示灯に値段が付いたのを見て「長い時間かかったが、ここへ来たのだ」という感激がこみ上げた。いろいろな人にお世話になってここに立っていると改めて実感し、うれしさと感謝でいっぱいだった。会社の仲間とも喜びを共有できた。

それから午後には名古屋に戻り、名古屋証券取引所に行った。ここでは、社名の入った名札を所定の場所に入れるという儀式を行った。他の上場会社と名前が並んだのを見て、やはり感激した。

登録すると毎年お金がかかるが、東京と名古屋の2カ所で上場するところは少なくない。東京のみの上場も多いが、我が社はお客様や取り引きのある会社も名古屋に多く、また、記者会見やIR活動が名古屋でできるのは一つのメリットだ。それなら最初から名古屋だけで上場すればよいと思われるかもしれないが、東京で上場したほうが高い値段が付きやすいのだ。それでわざわざ2カ所で上場した。

さて、恐ろしい嵐はすぐそこまで迫っていた。上場した翌20（令和2）年に世界を吹き荒れたコロナ禍という嵐だ。影響は今もまだ続いてる。しかし、その年、浜木綿津藤方店と浜木綿津島店を開店した。コロナ禍前から開店が決まっていたのだ。

コロナ禍で我が社も業績は悪化した。桃李蹊は多少高級志向なので業績不振店も出てきて、16（平成28）年に開店した水広橋店をメンヤム水広橋店に変更。メンヤムは飲茶と焼きそばの店だ。21（令和3）年には桃李蹊小牧岩崎店を閉店した。

東京証券取引所で上場セレモニーの鐘を鳴らす

会社は人

２０１９（令和元）年10月に上場し、業績は順調だったが、翌20（令和２）年２月から新型コロナウィルスが流行し、中でも飲食業界は大きな打撃を受けた。人々は外出自粛を、飲食店は営業自粛を要請されたのだ。

それから何もなしえないまま、22（令和４）年現在、２年が経った。我が社ももちろん無傷というわけにはいかなかった。だが、まだ持ちこたえている。上場するために体質強化を図ってきたことが、思わぬところで功を奏したのだと思う。上場を果たしたことで会社の組織の体質が変わっていたことにも気がついた。上場とは会社を強くするものでもあった。

コロナ禍によって、企業が社会から求められることも違ってきて、それだけに緊張もある。我が社の会社運営のステージが変わったのかもしれない。多くのことがコロナ禍で変わり、予断を許さない。だが、会社はやはり人であり、その人がつくる組織が機能するかどうかが、会社の今後を左右する。

今は、新しいステージにふさわしい目標をつくらなくてはと思っているが、コロナ禍の収束はまだ見えてこない。しかし、いろいろな課題や困難を乗り越えられる組織をつくれば、どんな目標も達成していけるはずだ。コロナがあろうがなかろうが世の中は変化し続ける。いつの時代も改革の連続になる。そのための人材育成がやはり成長の鍵だ。良い人材が育ち、良い組織ができることを願って社員の皆さんと課題に取り組んでいきたいと思う。

私がここまでこれたのは、本書でも触れてきたような、いろいろな人との出会いがあったからだと心から感謝している。導かれてここにいるのだと思うと何やら、運命の不思議も感じる。

ある時、私は一生、仕事で中華料理に関わっていくと決めた。その時から、あまり他のことには関心を向けずにやってきた。誰も中華料理を食べてくれない世の中になったら別だが、そうにでもならない限り、なるべくたくさんの人に中華料理を食べていただく努力はこれからも続けていく。

ただ、我が社の一番の売りは料理ではない。

「会社は人」我が社の従業員たちと

つながる時間

私の父と母は戦後の混乱の中で出会い、恋に落ちた。戦争は嫌だ。その戦争が終わって出会った両親から生まれた私は、幸いにも直接戦争を体験することはなかった。これまでの74年の人生を振り返っても、幸せな時代を生きてきたと思える。だからこそ、戦争や殺し合いはそろそろ人類の歴史から完全になくなってもよいのではないかと思う。平和ボケなどではなく、平和への決死の願いだ。

コロナ禍がまだ収まっていないので、予断を許さない状況かもしれないが、浜木綿は今後も店舗を増やして成長し続ける覚悟だ。浜木綿では、昔からほとんどのメニューがテイクアウトでき、好評いただいている。デリバリーも、業者との提携で始めている。ただ、やはり宴会こそ浜木綿の良さを発揮できるので、感染対策を徹底しているとはいえ、何とももどかしい。

しかし、皆で一緒においしいものを食べる人間の楽しみは、今後もなくなることはないだろう。

現在の医療や、健康に過ごせる世の中のシステムはとてもすばらしい。医療機関、医療技術、薬、栄養剤やサプリメントがある。健康を維持する道具、運動する場所もある。これまで私自身も病気になり、その度に治療を受け、そのシステムのおかげで元気になった。孫たちの結婚式に出られるかどうかは神様の領域かもしれないが、注意深くやっていけば、きっとかなうだろう。

料理と、それを楽しむ場を提供する我が社も、人々の健康のための社会のシステムの一つだと思いたい。まさに医食同源だ。健康あってこその食であり、食があっての健康でもある。願わくば、皆さんがおいしい料理を食べて喜びを分かち合う場を提供し続けていきたい。我が社の店は、皆さんが心を豊かにし、そんな心をお互いに通わせ、心の健康を維持する場なのだと思う。

会社案内の社名の上に「おいしい時間はつながる時間」と書いてあるが、これは我が社のスローガンだ。皆でおいしいものを食べる時は、皆がつながっている時でもある。そんな「時間」が我が社の一番の売り物なのだ。

おいしい料理を食べ喜びを分かち合う場を
提供し続けていきたい

本社入口に掲示された企業スローガン

最後に「楽しく生きる、楽しく働く」

社長になってしばらくたった頃、働く時間がどれぐらいあるのか数えてみた。1日8時間、1年で260日程度だが、実際はもっと働いている。22歳で学校を出てから現在まで52年、私はこれから先ももうちょっと働くが、標準的な人でも、長寿社会で70歳前後まで働くなら50年を超えるだろう。すると生涯で働く時間は8時間×260日×50年＝104000時間以上となる。人は人生の中で、10万時間以上働いて生きているわけだ。

働く時間を数えた時、この10万時間が生活を維持するためだけの時間だとしたら、自分の意思で過ごす時間ではないとしたら、何か苦しい時間がたくさんあることになる。

そのことに気づいた時から、仕事を楽しくやっていく方法を探すようになった。働くことを楽しくするために、私は次の3つを意識するようになった。このことが整理できてから、生きていくことが比較的楽になった。

1. 仕事に意味と価値を見つける
2. 労働と仕事を分け、労働を仕事に変える
3. 自主的に、主体的に仕事をする

「1. 仕事に意味と価値を見つける」だが、本書の中で「天命」と言っているのが、私にとってはその1つだと言える。すなわち、私の仕事は私の天命だと思っているので、何とか仕事を完遂しようという気力が湧く。

私はたまたま仕事を「天命」だと思っているが、仕事の意味と価値は、人それぞれに何でも良いと思う。ただ、「なぜこの仕事をしているのか」という意

味を意識し、納得していると何かと迷わなくなる。

また、当社の店は1年で400万人の方が利用される。それは店舗やサービスに価値があるということだ。お客様が増えると、自分たちの仕事に価値や誇りを感じることができる。自分の仕事に誇りを持てないとやる気も出てこないだろう。

どんな仕事も自分なりに、なぜこの仕事を選んでいるのか、自分はどんな価値を社会に提供しているのかを自覚できないと、つまらなく思えてしまう。

「2．労働と仕事を分け、労働を仕事に変える」は、こんなたとえ話で説明しよう。

ある暑い日、ノミとツチで大きな石をコンコンと打っている人がいる。とても暑い中、険しい顔でやっている。「何をやっているのですか」とたずねると

「見りゃ分かるだろう。この暑いのに、今日中にこの石を仕上げなくてはいけないのだ」と苦しそうだ。

そこから少し歩くと、また同じように石を打っている人がいる。暑いのに踏ん張って、手がよく動いている。「暑いのに大変ですね」と声をかけると「俺は石垣造りの職人でね。良い石垣を造るために頑張っているのよ」と答え、さっきの職人より爽やかに見えた。

また、しばらく行くと、これまた同じように石を打っている職人がいる。この人は汗を拭きながらも、楽しそうな顔で、鼻歌交じりだ。「楽しそうですね」と声をかけると「あたぼうよ。おりゃ今、信長様の居城を造っているんだ。世直しの手伝いよ」と言った。

仕事には必ず目的があり、会社にも社会的な目的が必ずある。仕事は必ず、どこかで会社の目的に沿って行われている。どんな仕事を命じられたとしても、その仕事は会社の目的を果たす1つの役割を担っている。与えられた仕事の良し悪しは、その目的に沿っているかどうかに大きく左右される。

同じ作業でも、目的も分からずにやらされている石打ちはとてもつらい仕事になってしまうだろう。さらに、その作業に目的があると自覚できていると、大変だと思いながらに頑張ることができる。そして、その目的に共鳴できると、その作業も楽しいものとなる。目的を感じない作業は単なる苦役としての労働で、自らの意思で目的を達成するために行う作業は仕事だと言える。

当社の店舗で働く人の目的は、お客様に今日、楽しくお食事をしていただくことだ。単にお料理を運ぶことが仕事と考えているのと、お客様に楽しいお食事時間を提供することが仕事と考えるのでは、仕事の楽しさや深さは変わると思う。

仕事はすべからくその社会的目的を考えて行えば、労働ではなく、仕事に変わる。仕事をしているほうが断然楽しいはずだ。

「3. 自主的に、主体的に仕事をする」とは、こういうことだ。
どんな人でも、自分の人生では自分が主役。たとえ、ずっと脇役の仕事をしていたとしても、脇役に徹した名脇役の人生だったということもできる。誰と結婚しても、どんな会社に入っても、それを選んでいるのは自分自身だから、自分の責任で生きているという自覚ができる。自分の人生が他人に左右されていると思いたくはないだろうし、実際にそんなことは、現代の日本にはないと思う。

私もいろいろな人に導かれていると感じているが、最後に選んでいるのはまぎれもなく私自身だ。働く会社を決めるにしても、最初に「自分はこういう仕事で社会に奉仕していこう」と決めれば、その目的を果たすために入社する会社を選べる。当たり前だが、会社に選んでもらうのではなく、自分が選ぶという自覚ができる。どんな結果になろうとも自分で選んだという自覚があれば、失敗してもまた立ち直れるような気がする。

自分の夢を自分で追いかける。周りに存在するのは自分の夢や理想を果たすための会社であり、人だ。そう思えれば、会社も、友人も、家族も、自分を助けてくれる貴重な存在になり、周りに感謝もできるようになる。

まだ、しばらく仕事ができそうだ。コロナ禍で、世の中は大きく変わりそうだが、新しい時代に向け、新しい中華料理店のモデルができてくるかもしれない。ちょっとワクワクしながら、生涯の最後になるかもしれない、大きく変わるという意味の「大変」に向け、楽しい仕事にしていきたいと考えている。

最後に、ここまで読んでくださった方に深く感謝していることをつけ加え、筆を置きたい。

2022年9月吉日

筆　者

＊本書は中部経済新聞に令和4年6月1日から同年7月30日まで50回にわたって連載された『マイウェイ』を改題し、新書化にあたり加筆修正しました。

林　永芳（はやし・ながよし）

1971（昭和 46）年に中部工業大学（現中部大学）建築学科を卒業し、浜木綿に入社、新瑞橋店に勤務。77（昭和 52）年から専務取締役、87（昭和 62）年、代表取締役社長に就任。2007（平成 19）年から愛知県中華料理生活衛生同業組合理事長、15（平成27）年、同組合名誉会長を就める。18（平成30）年、旭日双光章を受章。京都府出身。

中経マイウェイ新書 058
おいしい時間はつながる時間
2023年5月4日　　初版第1刷発行

著者　林 永芳

発行者　恒成 秀洋　発行所　中部経済新聞社

名古屋市中村区名駅4-4-10　〒450-8561
電話　052-561-5675（事業部）

印刷所　西川コミュニケーションズ株式会社
製本所　株式会社渋谷文泉閣

ISBN978-4-88520-245-2